JAMES VAN PRAAGH

# assuntos pendentes

SEXTANTE

Nota da editora: Esta é uma edição condensada da obra original. Para que este título se encaixasse na coleção Autoestima, alguns trechos foram suprimidos com a autorização do autor e sem nenhum prejuízo à mensagem central do livro.

*As histórias relatadas neste livro são verdadeiras. No entanto, nomes e alguns detalhes foram alterados para proteger a identidade das pessoas envolvidas.*

Título original: *Unfinished Business: What the Dead Can Teach Us About Life*

Publicado em acordo com Harper Collins Publishers.

*tradução:* Sonia Maria Moitrel Schwarts

*preparo de originais:* Regina da Veiga Pereira

*revisão:* Hermínia Totti e José Tedin

*diagramação:* Ana Paula Daudt Brandão

*adaptação da capa:* Miriam Lerner

*impressão e acabamento:* RR Donnelley Moore

CIP-BRASIL. CATALOGAÇÃO-NA-FONTE
SINDICATO NACIONAL DOS EDITORES DE LIVROS, RJ

V297a

Van Praagh, James
Assuntos pendentes / James Van Praagh [tradução de Sonia Maria Moitrel Schwarts]; Rio de Janeiro: Sextante, 2012.
160 p.; 14x21 cm; ed. popular

Tradução de: Unfinished business
Inclui bibliografia
ISBN 978-85-7542-711-8

1. Espiritismo. I. Título. II. Série.

11-6476 CDD: 133.9
CDU: 133.9


GMT Editores Ltda.
Rua Voluntários da Pátria, 45 – Gr. 1.404 – Botafogo
22270-000 – Rio de Janeiro – RJ
Tel.: (21) 2538-4100 – Fax: (21) 2286-9244
E-mail: atendimento@esextante.com.br
www.sextante.com.br

# SUMÁRIO

# PREFÁCIO

Ginny Meyer consultou o relógio: cinco para as cinco. Neil chegará do trabalho a qualquer momento, pensou. Ben não ficará sozinho por muito tempo. Além disso, ele e seu amiguinho Andrew estavam grudados na televisão e nem notaram quando Ginny lhes disse que iria até a casa de Nancy para mostrar-lhe a torta de salmão que acabara de fazer.

Nancy era a vizinha ideal. Além de compartilhar receitas, muitas vezes se dispunha a ouvir a amiga e se oferecia para comprar algo no mercado ou pegar as crianças na escola. De certa maneira, era como ter uma irmã, e esse pensamento alegrou o coração de Ginny.

Nancy comeu o pedaço da torta acompanhado de um Chablis leve e seco. Quando sorriu carinhosamente para Ginny, esta soube de imediato que a amiga tinha aprovado sua última criação gastronômica e sentiu-se orgulhosa.

A batida de uma porta de carro fez com que as duas interrompessem a degustação. Ginny sabia que devia ser Neil chegando e apressou-se em despedir-se.

A caminhonete de Neil estava na entrada da garagem. Quando se aproximou da porta da frente, esta se abriu de repente e o pequeno Andrew praticamente a derrubou. Ele se virou e parou, olhou para ela por um instante e continuou a correr pela calçada. Ginny pensou que talvez Ben tivesse dito alguma coisa que magoara o amigo.

Ao entrar em casa, ela ouviu o som ensurdecedor da televisão. Chamou por Ben e Neil, pegou o controle remoto e abaixou o volume. Imediatamente notou o silêncio absoluto. Tudo pareceu ficar imóvel. Ela se encaminhou para a escada e mais uma vez chamou. Nada. O coração de Ginny começou a bater forte. Havia alguma coisa errada.

Ao ouvir um grunhido no andar de cima, ela subiu a escada correndo. Quando chegou ao topo, ouviu um grito terrível vindo do quarto do filho. Ao olhar para dentro, deparou com o impensável. Diante dela estava Neil, coberto de sangue, segurando o corpo inerte de Ben. Neil gritava de dor. As balas estavam espalhadas pelo chão, junto do revólver que Ginny exigira que ele escondesse para que Ben não brincasse com a arma. Era tarde demais. Não havia o que dizer, a dor era imensurável. Os dois se abraçaram ao corpo do menino e imploraram por sua vida, mas ele já tinha partido.

E assim começou o dia mais longo da vida dos dois.

# Introdução

A história que você acabou de ler é horrível – um erro fatal. É difícil acreditar que essas coisas acontecem, mas, infelizmente, elas são mais comuns do que podemos imaginar. Escolhi essa história porque ela me marcou muito. Havia tanta culpa, acusação e vergonha emanando de Ginny e Neil quando vieram me procurar que foi difícil trazer Ben. Os dois estavam totalmente imersos na dor da perda do filho, consumidos pelo remorso. Ginny culpava Neil por não ter escondido a arma e se culpava por ter saído. Neil culpava a mulher e a si mesmo pelas mesmas razões. Ambos se sentiam responsáveis pela morte de Ben e desapontados um com o outro. Era como se estivessem quase tão mortos quanto o filho. Ben chegou com um intenso sentimento de amor e perdão. Implorou-lhes que aceitassem seu perdão e que se perdoassem. Eu me lembro de como fiquei impressionado ao ouvir uma criança dizer a seus pais: *Vocês ainda têm a vida inteira pela frente. Parem de arruiná-la.* Neil e Ginny saíram da minha casa aliviados porque Ben tinha se manifestado, mas ainda se culpando muito. Algum tempo depois eu soube que eles tinham se divorciado.

Fiquei muito triste, porque o amor e o perdão que Ben demonstrara não fora suficiente para manter seus pais juntos. Em vez de homenagear o filho, criando alguma coisa positiva a partir da tragédia (como trabalhar para que houvesse um controle maior de armas), decidiram perpetuar a culpa. Perderam uma oportunidade de transformar um erro numa dádiva para o mundo. Ginny e Neil poderiam ter ficado juntos, dando palestras sobre segurança das armas de fogo, tendo mais filhos e deixando o amor entre os dois crescer. Imagine como Ben ficaria feliz ao saber que sua morte não fora em vão.

Por isso escrevi este livro. Aprendi com aqueles que estão do outro lado a viver melhor a vida e continuamente me surpreendo com o que o mundo espiritual tem a nos dizer. Nos últimos 25 anos, tenho compartilhado histórias sobre espíritos em meus livros e minhas demonstrações, mas sempre fico desapontado quando o conselho de um espírito é ignorado. As pessoas ficam impactadas quando recebo dos espíritos detalhes como nomes ou cenas de morte corretos; mas continuam ignorando sua orientação.

Ao deixar o corpo físico, a alma passa a ver a vida de uma nova perspectiva. É como se tivesse feito uma cirurgia que lhe permitisse enfim dispensar os óculos e ver com mais nitidez. Os espíritos sabem por que determinadas situações precisam acontecer. Reconhecem o valor dos outros, até de seus inimigos, e o que precisaram aprender com as experiências. Também sabem que poderiam ter evitado certos erros se não tivessem se deixado dominar pelo ego. Quando chegam à luz, os espíritos ficam ansiosos para compartilhar esses conhecimentos com os vivos. Tenho a sorte de ser um beneficiário da sabedoria e da orientação de muitos espíritos e fico feliz por poder transmitir os ensinamentos deles a vocês.

Muitos ficam obcecados por algo que está fora do nosso controle: o passado. Remoem o que "deveria ter sido" ou "poderia ter sido" a vida. Os arrependimentos são muitos, mas nosso único poder está no *agora* e em como o momento presente afeta nosso futuro. Quando alguma coisa sai errada, atribuímos a culpa a alguém, ou ao próprio Deus. Quando ocorre uma tragédia, ficamos arrasados pela dor e pela culpa, e deixamos de vê-la como uma oportunidade para criar algo positivo. Revivemos dramas recentes ou da infância, esperando que a vida mude, embora continuemos iguais. Se não superarmos essa tendência, nos sentiremos sempre dominados pelos acontecimentos. O que fazer, então?

Desejo que este livro o ajude a construir uma vida mais feliz. Oportunidades surgem todos os dias; você *pode* mudar. O importante é assumir a responsabilidade por seus pensamentos e ações. Sua vida neste exato momento é resultado de seus pensamentos, pois eles são energia – são reais. É por causa do poder dos nossos pensamentos que os espíritos nos incentivam a perdoar, mesmo quando parece impossível, e a superar os medos, para que nossos sonhos se concretizem. Se seguirmos o conselho dos espíritos, seremos capazes de converter conflito em paz e raiva em compaixão. Substituiremos a culpa pela responsabilidade, corrigindo erros e transformando sofrimentos em realizações.

Todos nós estamos destinados a viver uma existência de amor e a ter todas as nossas necessidades atendidas. Cada um de nós está destinado a expressar-se como o ser único que é. Nossos amigos espirituais querem que contribuamos para melhorar o mundo, que sejamos felizes e possamos resolver nossas questões antes de atravessarmos o limiar da luz e voltarmos para Casa.

Você já deu o primeiro passo ao começar a ler este livro. Estas orientações espirituais o incentivarão a avançar na vida. Desejo que você nunca desista de ter uma existência cheia de amor, satisfação e felicidade.

# UM
# A CULPA

Eu estava concentrado numa única gota de líquido prestes a cair. Enquanto o latejar na cabeça diminuía, as perguntas começaram a surgir. Onde estou? Como cheguei aqui? Minha curiosidade foi satisfeita quando a vista se ajustou e pude ver o cateter conectado a uma bolsa de soro. Era óbvio que eu estava num quarto de hospital, mas não me lembrava do que tinha acontecido. Minhas percepções eram fortes, mas, de alguma forma, diferentes.

De repente, tive a sensação de estar preso em meu próprio corpo. Abri a boca para gritar, mas nenhum som saiu. Um estranho grupo surgiu diante de mim. Eu já tinha visto aqueles rostos num passado talvez remoto. Um rosto se destacava dos demais. Era o de um homem com expressão forte, que parecia me transpassar. Eu sabia que por trás daqueles olhos havia algum tipo de grande sabedoria. Será que ele tinha as respostas para as minhas perguntas? Seu rosto pareceu ficar maior quando se aproximou de mim. Ele estava prestes a abrir a boca para falar quando o cenário mudou.

De repente, voei por uma janela e vi a incrível cena de um pôr do sol violeta, azul, cor-de-rosa e laranja. Tive a sensação de que o céu estava em festa. Então, todos os matizes se misturaram de maneira encantadora, formando uma grande quantidade de arranjos de flores, paisagens e arco-íris. Enquanto eu tentava entender esse fascinante cenário e descobrir seu significado, o homem do quarto do hospital apareceu novamente. Desta vez ele falou. Porém, suas palavras foram abruptamente abafadas pelo som estridente de um telefone.

Voltei à realidade e fiquei aborrecido por não ter ouvido a mensagem do espírito no meu sonho. Cegamente, estendi o braço para pegar o telefone e atendi, irritado.

– Oi, James. É a Annie, da KPZ. Pronto para o programa do rádio?

– Quanto tempo eu tenho?

– Cerca de 20 minutos.

Empurrei as cobertas para o lado e iniciei meu ritual, agradecendo ao Universo por me dar mais um dia de vida e pedindo a luz divina como proteção. Corri para a cozinha e preparei café. Excitado, peguei um bloco e uma caneta para o programa do rádio. Era útil anotar as mensagens quando os espíritos se manifestavam.

Refleti sobre o meu sonho e não pude deixar de especular sobre o seu significado. Em meu trabalho como médium, descobri que os sonhos nos revelam muitas coisas importantes, mas é preciso dedicar um tempo para descobri-las e saber como usar as informações. Para o entender um sonho, meu primeiro passo é anotá-lo. Se não fizer isso, com o passar do tempo me esquecerei dos detalhes.

Quando estamos conscientes, nossa mente é bombardeada por uma infinidade de estímulos. Embora geralmente não percebamos todos eles, nosso eu mental, emocional, físico e espiritual é muito afetado pelos pensamentos e imagens que nos chegam. A mente subconsciente armazena esses estímulos e, quando dormimos, repete essas impressões sob a forma de sonhos.

Existem os sonhos telepáticos, nos quais nossos entes queridos já falecidos podem nos transmitir uma mensagem.

A premonição é outro tipo de sonho. Nele podemos ver, sentir ou vivenciar um acontecimento futuro. Em 1994 sonhei com um trem entrando pela parede da minha sala. Não vi o trem em si, mas o senti. O barulho era grande e a casa tremia. Copos de vinho voavam das prateleiras e se espatifavam no chão. Três dias depois, às 4h31 da manhã, o terremoto Northridge atingiu Los Angeles. Ao sair correndo do meu quarto, vi objetos caindo das prateleiras e vidro quebrado pelo chão. O sonho com o trem era um sinal. Uma pessoa não precisa necessariamente ser médium para ter um sonho premonitório.

Enquanto olhava para meu bloco, revi as imagens do sonho, tentando entender seu significado. Senti que aquele homem, fosse quem fosse, tinha uma mensagem muito forte para me transmitir, e eu não descansaria até decifrá-la. Anotei todas as imagens e cenas do sonho. Ao fazer isso, veio à minha mente a miríade de pensamentos e vivências que o espírito leva quando deixa o mundo físico. Pensei nos assuntos que deixamos não resolvidos e em como eles nos impedem de viver em total liberdade e alegria. Todas as pessoas, mortas ou vivas, têm assuntos pendentes. Por quê? Por que as almas, enquanto no corpo físico, escolheriam passar por experiências traumáticas que definem suas ideias, sua personalidade e sua vida, e então deixar o mundo sem respostas para seus problemas? Por que nos agarramos a experiências dolorosas? Será que algo positivo pode vir daí?

A resposta veio rapidamente: *lições*.

Tudo acontece para que possamos aprender. Essas experiências são presentes para a alma. Embora a embalagem dos presentes possa não ser como gostaríamos ou esperávamos, seu conteúdo é criado para nós. O Universo é perfeito, assim como sua cronometragem. Uma alma passa pelas lições mais comuns e desafiadoras da vida em sua busca por compreensão e segue adiante em seu desenvolvimento.

Minha frustração crescia enquanto eu tentava descobrir as lições que poderia aprender com meu sonho. Mas eu precisava sair e teria que esperar para obter respostas para as minhas perguntas. O telefone mais uma vez interrompeu meus pensamentos. O programa estava prestes a começar.

## FOI MINHA CULPA

– Temos um de nossos convidados favoritos no programa de hoje, o famoso médium espiritual James Van Praagh. Seja bem-vindo novamente, James – Rona disse. Ela era a DJ de um dos mais populares programas de rádio do país e, ao longo dos anos, me convidara muitas vezes.

Antes de começar a receber mensagens, levo algum tempo concentrando minha energia. Depois, focalizo a mente e me prepararo para ouvir, sentir ou ver qualquer um dos espíritos que esteja perto da pessoa que telefona para o programa.

– Hoje temos a Theresa na linha. Diga oi para o James, Theresa.

– Oi, James – Theresa cumprimentou.

Ao ouvir a voz da pessoa do outro lado da linha, eu me concentro nela para ver se há energias ao seu redor. Quando Theresa falou, ouvi uma voz bem estridente e, no centro da mente, vi um jovem junto do ombro esquerdo dela e soube que era seu irmão.

– Bom dia, Theresa – eu disse. – O seu irmão morreu com mais ou menos 22 anos?

– Sim – ela respondeu.

O irmão então projetou uma cena na minha consciência: sangue e partículas pretas correndo por uma veia. A seguir, vi um braço marcado por picadas de agulha. O jovem estava chorando.

– Parece que seu irmão morreu de overdose. Foi isso?

Theresa suspirou. Parecia estar vivenciando a agonia da morte do irmão outra vez. Ela começou a chorar.

– Sim – sussurrou, após alguns momentos.

O espírito então me enviou seu nome: Mark.

– Mark diz que sente muito. Não pretendia partir assim.

Theresa voltou a chorar e então, de repente, ficou em silêncio.

– Theresa, você ainda está aí? – Rona interveio.

Alguns segundos depois Theresa gritou:

– Foi minha culpa. Eu deveria tê-lo feito parar. Foi por minha culpa que ele morreu. Eu queria fazê-lo parar, mas não consegui.

Naquele momento, Mark me enviou pensamentos, pedindo que dissesse à irmã que parasse de se culpar.

– Essa foi uma escolha dele – falei. – Você não teve nada a ver com isso. Mark ama você.

Theresa continuava chorando. Finalmente ela reagiu:

– Ele me telefonou aquela noite. Tinha certeza de que era ele, mas não consegui atender. Talvez estivesse drogado e eu simplesmente não podia lidar com aquilo outra vez.

– Quem é Roger? – perguntei.

A menção de Roger a fez chorar de novo.

– Oh, meu Deus. Não consigo acreditar nisso! Diga a ele que sinto muito. Por favor!

– Mark pode ouvir seus pensamentos, Theresa. Você pode dizer a ele diretamente que sente muito.

– Você conhece algum Roger, Theresa? – perguntou Rona.

– Conheço, sim. Roger é um ex-namorado meu. Eu o apresentei a meu irmão. Eu não sabia que ele traficava cocaína. Se eu não os tivesse apresentado, meu irmão estaria vivo hoje. Foi o Roger quem vendeu as drogas que o mataram.

Eu imediatamente disse a Theresa:

– Seu irmão está dizendo que você não fez nada de errado. Ele precisava descobrir por si mesmo. Se você quiser fazer alguma coisa por Mark, por favor, perdoe a si mesma. Ele não gosta de vê-la sofrer.

– O senhor pode perguntar o que ele queria naquela noite quando me telefonou? Não consigo parar de pensar nisso. Eu deveria ter atendido.

Enviei uma mensagem telepática a Mark perguntando o motivo de sua ligação. Ele me mostrou fotografias espalhadas sobre uma cama.

– Ele está se referindo a fotografias numa caixa de sapato. Você compreende?

– Sim – ela respondeu.

– Mark está dizendo alguma coisa que soa como "bomica", "bomipa", ou mais como "bonita". Não tenho certeza do que isso significa.

Theresa reagiu com espanto.

– Meu Deus. Eu era a irmã mais velha e tomava conta dele. Quando estava aprendendo a falar, ele me olhava e dizia "Você é bomica", porque não conseguia pronunciar "bonita". Ele dizia: "Eu amo você, bomica."

Pude sentir o alívio na voz dela.

Rona interrompeu:

– Obrigada, Theresa. Agora temos de atender outra chamada.

– Espere! Posso dizer mais uma coisa? – ela pediu.

– Sim, vá em frente – Rona respondeu.

– Mark guardava fotos numa caixa de sapato. Quando o encontraram em seu quarto, havia fotografias de nós dois espalhadas pelo chão.

Eu a interrompi para transmitir-lhe que, naquele momento, o irmão dela estava dizendo: *Eu amo você, Bonita.*

As limitações de tempo de um programa de rádio tornam difícil dar às pessoas toda a ajuda de que precisam. Geralmente eu ajudo o ouvinte a encontrar um terapeuta na cidade onde mora.

Durante o intervalo, depois do telefonema, perguntei ao diretor do programa se poderia falar com Theresa fora do ar.

– O irmão dela está me implorando para falar com ela mais um pouco.

O diretor concordou e telefonei para Theresa, que continuava chorando.

– Você não está se sentindo melhor depois de falar com seu irmão? – perguntei.

– Sim, mas ainda me sinto culpada por não tê-lo ajudado quando ele precisou de mim.

– Isso é algo que você terá de elaborar para se perdoar.

Em seguida, Mark começou a comunicar-se e levou nossa conversa para um rumo inesperado: *Diga a minha irmã que eu tinha voltado para a Terra para aprender uma das lições mais importantes da minha vida.*

– Que lição foi essa? – perguntei a Mark.

*Como alma, tive de aprender a não deixar que as drogas me impedissem de lidar com as experiências rotineiras da vida. Vivi diversas vidas anteriores, nas quais consumi álcool e drogas em excesso. Morri de overdose em outras duas vidas. Dessa vez, voltei para ver se podia derrotar essa personalidade viciadora. Era um teste para ver se eu tinha crescido.*

Transmiti aquelas informações a Theresa.

– Você está me gozando? – ela me perguntou, com rispidez.

– Não. É isso que ele está dizendo.

Mark explicou melhor: *O vício é uma lição difícil de ser aprendida. A pessoa se droga para não se sentir responsável, não lidar com os estresses e as escolhas da vida. Tentei derrotar o vício, mas não consegui. Precisarei fazer tudo isso novamente, mas prometi a mim mesmo que vou superar. Por falar nisso, obrigado por todas as orações.*

A profunda percepção de Mark nos deixou estupefatos.

– Onde é que ele está agora? – Theresa perguntou.

– Num lugar de reflexão, como um hospital. Sabe que é uma alma e quer ajudar você e outras pessoas a entenderem por que ele se envolveu com drogas. Ele está dizendo: *As pessoas podem começar a ver o vício sob um ponto de vista diferente e talvez ter mais compaixão com os dependentes.* Disse que você não deveria se sentir culpada pelo vício dele.

– Obrigada, James.

– Mark está dizendo: *As pessoas deveriam se esforçar para largar seus vícios e se curar enquanto estão no corpo humano, para não trazerem essa memória e esse desejo para cá. Eles poluem a mente.*

Já ouvi a mesma afirmação de outros espíritos e quero enfatizar sua importância. Quando morremos, nossos desejos mais ardentes vão conosco. É muito mais fácil e eficaz liberar nossos vícios físicos, mentais e emocionais quando estamos na forma humana do que como espíritos, porque eles fazem parte da natureza humana.

Theresa estava satisfeita.

– Meu sonho se concretizou. Falei com meu irmão e me sinto melhor.

E com isso nos despedimos. Foi um belo início para o meu dia.

Essa comunicação demonstra muito bem por que eu *amo* a mediunidade. Ela é uma troca benéfica e poderosa entre o plano físico e o espiritual. Quando uma pessoa tem a chance de se comunicar com um ente querido, pode começar a ver os acontecimentos de uma nova perspectiva. Theresa teria passado toda a vida se martirizando por uma culpa que não teve. No entanto, pôde testemunhar uma visão maior da jornada de uma alma e das lições que o irmão escolheu vivenciar. Ao saber disso, ela pôde se curar muito mais depressa. Passou também a ver as pessoas que a cercavam como almas aprendendo suas lições.

Todos os tipos de culpa são capazes de nos devastar. Constato isso no meu trabalho todos os dias. Os parentes geralmente vivenciam sentimentos de culpa em relação à morte de seus entes queridos. "Eu deveria ter estado no hospital ao seu lado para chamar uma enfermeira", "Eu não deveria ter saído de casa", "Eu deveria ter atendido o telefone e salvado a vida dele".

A culpa é inerente ao ser humano. Ela nos leva a acreditar que fizemos algo errado. Apesar de experimentarmos a culpa em vários momentos da vida, não sabemos lidar com ela. Nós a sufocamos ou a negamos. É fácil ver a irracionalidade da culpa naqueles que nos cercam, porque é muito mais simples perdoar os erros dos outros do que os nossos. Por alguma razão ilógica, o padrão que nos impomos é mais severo do que o que estabelecemos para os outros. Ao compreendermos que a culpa não muda nada, e nos prejudica, talvez possamos nos desvencilhar dela.

## POR QUE ELES E NÃO EU?

Outra forma comum de culpa é a que aflige pessoas que sobreviveram a uma catástrofe ou um desastre em que outros morreram. Elas creem que tiveram sorte e acham que poderiam ter feito alguma coisa para salvá-los. Isso se baseia numa crença irreal. É comum os sobreviventes de uma catástrofe acharem que não mereciam ter se salvado e vivenciarem depressão, tristeza, prostração e falta de interesse pela vida.

Há alguns anos conduzi uma sessão na cidade de Nova York. Um espírito com grande senso de humor e um brilho especial nos olhos azuis manifestou-se. Imediatamente tive a sensação de que aquele espírito estava com um grupo de homens numa cabana na floresta. Todos riam, brincavam e bebiam doses de tequila.

– Alguém nesta sala reconhece esse cenário? – perguntei à plateia.

Nem sempre os espíritos sabem como me direcionar para a pessoa a quem desejam transmitir suas mensagens. Examinei a plateia e, lá no fundo, senti uma conexão, no lado esquerdo da sala. Tive outra visão muito clara. Uma maçã caiu de uma árvore num lago, fazendo um enorme barulho. Descrevi aquela imagem para o grupo.

– Alguém se lembra disso?

Houve apenas silêncio.

Quando recebo visões tão claras como essa, sei que os espíritos têm uma mensagem forte para alguém.

– Estou vendo uma linha de pescar – eu disse para a plateia.

Então, houve um murmúrio lá no fundo. Um homem levantou a mão.

– Você compreende o que eu disse?

– Sim, acho que sim. Eu costumava ir pescar com meus amigos no lago Apple, no norte do estado de Nova York. Alugávamos uma cabana. Será que é isso?

– Você reconhece o nome Tucker? – perguntei. – Tucker é um cara bem grande com um bigode e uma barriguinha.

Aquele detalhe surpreendeu o homem. Ele olhou para o chão e assentiu. Estava claramente perturbado.

– Quem é Tucker? – perguntei.

– Meu amigo... Jimmy Tucker.

– Ele quer cumprimentar você. E não é o único. Tem um bando de outros caras com ele.

Ao ouvir isso, o pobre homem cobriu o rosto com as mãos e começou a chorar como um bebê.

A mulher a seu lado colocou o braço em volta dele e o acariciou.

– Vai dar tudo certo – sussurrou ela.

Mas os soluços do homem aumentaram, e ele mal conseguia balbuciar algumas palavras.

– O que foi que você disse?

– Eu deveria estar lá com meus amigos. Deveria tê-los salvado. Não mereço estar vivo.

Houve uma incrível comoção na sala; ninguém sabia como reagir.

A cena ficou bastante clara em minha mente. Um grupo de quatro espíritos se postou atrás do homem. Senti que eles eram como uma grande família.

– Quem é Mike ou Mikey?

– Sou eu – respondeu ele, secando as lágrimas.

A mulher o ajudou a se levantar para falar comigo.

– Há quatro homens de pé atrás de você, e eles estão rindo. *Deixa o Mikey fazer isso!*, um deles disse.

Mike sorriu.

– Sim, eles brincavam assim comigo. Eu era o menor e eles me chamavam de Mikey. Diga a eles que sinto muito. – Mike voltou a chorar. – Não consigo dormir. Tenho pesadelos horríveis. Não sei por que ainda estou aqui. Não tenho vontade de viver.

Um dos espíritos colocou um cobertor incorpóreo sobre os ombros de Mike.

– Agora um deles está cobrindo você com um cobertor vermelho. Há um número impresso nele.

– Eu me sento com o cobertor vermelho no pátio – admitiu Mike.

– Todos estão me mostrando suas insígnias. Eles são policiais, não são? Estou vendo o número 14. Este era o seu distrito policial?

– Sim, somos nós. O cobertor é do décimo quarto distrito e tem o número 14 impresso nele. Foi a única coisa que eu guardei.

Vi aquele grupo de homens cumprimentarem Mike com um tapinha nas costas e ouvi outro nome.

– Quem é Joey Malone?

– Meu parceiro – respondeu Mike, rindo. – Ele está aqui também?

– Ele está pedindo que você dê um alô para Sheila e o bebê. Ele diz que está bem.

– São a esposa e o filho dele. Vou dar o recado.

– Eles estão me mostrando você olhando para uma placa.

– Fui ao centro da cidade na semana passada para vê-la. Senti que eles estavam lá também. – A voz de Mike ficou embargada.

– Eles estão me mostrando a placa. – Respirei fundo. – Isso aconteceu no World Trade Center?

– Sim – disse Mike baixinho.

A plateia fez um som de espanto.

Vi uma xícara da Starbucks junto à placa e perguntei:

– Você derramou uma xícara de café enquanto estava lá?

Mike inclinou a cabeça com incredulidade.

– Meu Deus, meu Deus! Derramei, sim. Foi muito esquisito. Eu colocava a xícara de volta na beirada e ela caía outra vez.

– Joey está dizendo que era ele brincando com você.

– Minha nossa! – Mike levou a mão à boca. – Sinto muito. Eu sabia que era ele. Ele estava sempre fazendo coisas como essa. – Virou-se para a esposa: – Você se lembra? Não contei isso para você?

Ela balançou afirmativamente a cabeça.

– É inacreditável! – ele exclamou. Depois disse, com tristeza: – Quero saber por que ainda estou aqui. Não quero estar.

– Você precisa – respondi sem hesitar.

Os policiais então me enviaram outra mensagem.

– No começo de sua carreira você salvou a vida de um garotinho?

– Deixe-me pensar... É verdade. Foi num prédio. Cheguei lá bem na hora. O pai dele o estava chutando e iria continuar até matá-lo.

– Por que você não pensa nessa história?

– Não sei... simplesmente nunca penso. Aconteceu há muito tempo.

– Bem, é isso que seus amigos querem que você saiba. Para eles, você salvou a vida daquele menino. Se pudesse escolher entre salvá-los ou salvar aquele menino, eles iriam querer que você salvasse o menino.

– Não compreendo. O que uma coisa tem a ver com a outra?

Eu mal conseguia acompanhar os pensamentos que chegavam voando à minha mente e tive de falar bem depressa para transmitir tudo.

– Você ainda vai salvar vidas. Está aqui porque ainda há trabalho a fazer. Esse é o plano da sua alma. Você precisa estar num determinado lugar para salvar duas médicas que realizarão grandes coisas. Nunca se sabe por que certas coisas acontecem. Há uma ordem mais importante para os acontecimentos, embora não tenhamos consciência disso.

Mike pareceu surpreso. Eu também estava estupefato.

– Obrigado – ele disse. Parecia ter crescido meio metro com aquela previsão. – Espero que isso aconteça. Diga a eles que compreendo.

– Nunca sabemos o que está nos aguardando logo adiante – falei para a plateia –, nem as oportunidades que nos são concedidas para que possamos influenciar ou ajudar outras pessoas.

Assegurei a Mike que seus amigos tinham ouvido todas as suas palavras e que eles também conhecem todos os seus pensamentos.

– Eles estão balançando uma caneca de cerveja sobre a sua cabeça.

– Isso é impressionante – disse Mike, rindo. – A última vez que estivemos juntos, vencemos uma partida de beisebol. Comemoramos no bar e, de repente, eles derramaram uma caneca de cerveja na minha cabeça. Inacreditável! O senhor pode dizer a eles mais uma coisa? Diga que eu os amo. Eles são os melhores caras do mundo. E diga a Joey para sumir dos meus sonhos, o.k.?

A plateia riu.

E assim começou o caminho de Mike para a cura.

Esse é outro exemplo de como as pessoas se martirizam com sentimentos de culpa. Mike não conseguia ver o bem que tinha feito e se torturava com o que não conseguira realizar.

Freud achava que a culpa serve para regular o comportamento social. Se as pessoas não se sentissem culpadas, elas não se importariam em magoar ou prejudicar os outros. Em outras palavras, a culpa nos motiva a agir corretamente; caso contrário, seríamos todos transgressores. Isso pode ser verdade, mas infelizmente pessoas inocentes muitas vezes se castigam, apesar de não terem feito nada de errado.

Um terceiro tipo de culpa é a imposta por outra pessoa. Em geral, lido com vivos que se sentem culpados pela forma como trataram alguém que já morreu. Mas às vezes os espíritos sentem culpa por terem imposto seus desejos a alguém enquanto estavam vivos. Para que passem para as mais altas esferas celestiais, precisam fazer reparações às pessoas que deixaram na Terra.

## VOCÊ É BURRO

A seguinte sessão foi realizada diante dos membros do meu *Círculo Espiritual* mensal, no sul da Califórnia. Como nunca sei de antemão o que vai acontecer, fico tão surpreso quanto a plateia. Alguns espíritos conseguem manipular melhor as esferas de energia para se conectarem com os vivos.

– Há uma senhora em pé, atrás de um senhor aqui deste lado, e ela não quer ficar quieta. É muito autoritária e está exigindo falar.

Quando apontei para Bryan Patterson, um senhor de 73 anos, ele afundou na cadeira, um pouco constrangido por ter sido apontado.

– Há uma mulher em pé atrás do senhor, vestindo um suéter vermelho – eu disse. – Ela está insistindo muito para que eu transmita uma mensagem para o senhor.

– Deus meu! O que é que ela quer?

Houve algumas risadas na plateia.

– Ela está falando sobre a Virgínia. O senhor morou lá?

– Não.

– Ela está dizendo que vocês moraram. Ela está chamando o senhor de *burro*. Ela continua repetindo: *Você é burro!*

– Oh, ela sempre fazia isso. Foi o apelido que me deu. Sim, de fato moramos na Virgínia. Mudamos para Richmond porque meu sogro estava muito doente.

– Essa mulher está dizendo que era sua esposa Mollie. Foi seu segundo casamento? – perguntei.

– Sim. Fui casado duas vezes. Ela era a minha segunda esposa, e eu, o terceiro marido dela.

– Ela não para de falar sobre Marie. Não gostava dela.

– Ela não conheceu a Marie pessoalmente – Bryan respondeu.

– Ela está me dizendo que a Marie estava no caminho dela. Agora ela está me mostrando a Flórida. – Mollie ficou ainda mais insistente. – Ela quer que eu me certifique de que o senhor está entendendo o que ela diz.

– Sim, estou entendendo.

– Qual é o problema dela com essa Marie? – perguntei. – Ela está falando sobre algo que ela fez a Marie. Alguma coisa relacionada à mudança para a Flórida.

– Conheci Mollie quando ainda estava casado com Marie.

Muitos na plateia balançaram a cabeça. Podíamos ver o cenário. Mollie era a amante.

– Mollie e eu trabalhávamos juntos, e ela se apaixonou por mim. Costumava me dizer que a Marie era terrível, que ela mentia para mim.

– O senhor acha que a Marie mentia mesmo? – perguntei.

Ele olhou para o chão.

– Não. Sei que ela não fez isso. Mas Mollie não gostava dela.

De repente, Mollie começou a falar sobre três crianças.

– Vocês tiveram três filhos? Mollie está dizendo que o senhor teve.

– Sim, Marie e eu tivemos três filhos. Mas eu os deixei para morar na Flórida com Mollie. Ela não gostava de crianças.

A plateia balbuciou sua desaprovação. Mollie tinha desfeito um lar.

– Compreendo.

Percebi o efeito das atitudes de Mollie na vida de muitas pessoas. Ela também tinha compreendido quanto afetara a vida de uma família ao visar apenas seus próprios interesses. Ela começou a chorar. Naquele momento, senti compaixão por ela.

– Mollie está me dando a impressão de que era uma mulher durona. Ela se achava superior, e o senhor era submisso. O senhor costumava fazer tudo que ela exigia. Ela está me dizendo que o senhor lavava toda a roupa, fazia as compras, cozinhava e limpava a casa, enquanto ela ficava na cama assistindo à televisão e lendo revistas. É verdade?

– Ela está com vergonha de mim? – perguntou ele, embaraçado. – Tentei fazer o máximo que podia por ela porque eu a amava.

Mas a maior surpresa da noite ainda estava por vir.

– O motivo de Mollie estar aqui hoje não é apenas para o seu benefício. Bryan, Mollie veio aqui esta noite para que você saiba que ela sente muito por tudo o que fez.

– É mesmo? Ela nunca disse que sentia muito, nem uma vez. Você tem certeza de que é ela que está aí? – ele perguntou.

– Tenho, sim.

Mollie começou a me enviar seus sentimentos, pensamentos e imagens: tudo o que não tinha mostrado a Bryan quando estavam juntos.

– Ela se sente culpada pelo modo como o tratava. Diz que não percebia o que estava fazendo com o senhor e que só se deu conta de sua enorme bondade quando deixou este mundo. Diz que deveria ter sabido que o senhor foi o seu melhor professor e que foi colocado em sua vida para que ela pudesse aprender o que é o amor incondicional, aquele que não espera retorno. Mollie sente muito por ter mentido para o senhor e está se sentindo terrivelmente culpada por ter arruinado a sua vida e o seu relacionamento com seus filhos.

Lágrimas escorreram pelo rosto de Bryan.

– Lá no fundo, eu sabia a verdade, mas sentia pena da Mollie. Eu queria que ela vivenciasse o amor.

– Foi convidado para uma reunião de família recentemente?

– Sim. Como é que você soube disso? Na próxima semana, vou encontrar meus três filhos. Não os vejo há algum tempo.

– Mollie sente muito por ter mentido para o senhor sobre a Marie. Ela acha que o forçou a se divorciar dela. Está me dizendo que a Marie nunca mentiu. Sente muita culpa e vergonha pelas calúnias. Quer que o senhor transmita a Marie seus mais sinceros pedidos de desculpas.

– Ela mesma pode dizer isso a Marie. É ela quem está sentada ao meu lado – ele respondeu.

Todas as pessoas exclamaram seu espanto. Inclinaram-se para a frente, procurando ouvir as palavras de Marie.

– Eu entendo. Diga a ela que não precisa mais se sentir culpada. Na realidade, Mollie fez com que Bryan e eu nos aproximássemos mais ainda. Aprendemos muito um sobre o outro. Estamos bem unidos agora por causa do que aconteceu. Nossos filhos também nos ensinaram. Somos muito agradecidos por estarmos juntos agora.

Ao ouvir as palavras de perdão de Marie, as feições duras do rosto de Mollie começaram a mudar. Pude vê-la ficando mais jovem e mais suave. Eu sabia que ela estava livre para seguir em frente. Mollie me agradeceu, e eu a cumprimentei.

Qual é o primeiro passo para o reconhecimento da culpa e a compreensão do seu propósito? Pergunte a si mesmo: "O que me faz sentir culpa? É um relacionamento?" Talvez você dê mais atenção ao trabalho do que à família. A culpa pode significar que você precisa mudar seu modo de agir. Se decidir ignorar o problema, irá sofrer consequências, mas, se escutar seus sentimentos mais profundos, será capaz de mudar seu comportamento. Neste caso, a culpa terá sido útil.

No momento em que você perceber que é preciso mudar seu modo de agir, o primeiro passo é pedir desculpas, o que não é tão difícil. O passo seguinte é mais complicado – na realidade, significa tomar a decisão de mudar o comportamento. Queremos aprender a lição para não ter que repeti-la. Depois de reconhecer o problema e conseguir lidar com ele, poderemos ir em frente. Não precisamos ficar obcecados; podemos reparar o dano que causamos, aprender e avançar.

Sentir culpa por coisas que não somos capazes de mudar é totalmente diferente. Seja nesta vida, ou após a morte, a culpa pode pesar muito na nossa alma e nos impedir de progredir. Quando não podemos mudar uma situação, precisamos nos desvencilhar da nossa própria condenação. A culpa tem a capacidade de se transformar rapidamente em remorso e em pena de si mesmo, o que só causa prejuízo. A aceitação e o perdão, assim como Marie nos mostrou, são a única saída.

# DOIS

# Arrependimentos

O arrependimento, assim como a culpa, nos mantém concentrados no passado. Você alguma vez já se olhou no espelho e pensou "O que estou fazendo aqui?", "Será esta realmente a vida que desejo?".

O arrependimento também é parte da experiência humana. Ele pode ser boa oportunidade de aprendizado ou pode destruir nossa autoestima e nos impedir de crescer. Quando remoemos decisões passadas, corremos o risco de criar arrependimentos que corroem nosso presente.

Existem muitos tipos de arrependimento. Há os insignificantes, como não ter telefonado para alguém no dia do aniversário, ou não ter comprado uma ação antes que a cotação dela subisse. Os maiores envolvem coisas como não aceitar um emprego ou não protestar diante de uma piada racista. Por fim, existem os grandes arrependimentos, como os que vamos ver.

Eles podem apodrecer dentro de nós, causando uma vida de equívocos e críticas e mantendo-nos num estado de estresse e pesar. Eles se prendem à nossa aura, causando muitos problemas. Se pudéssemos ver como embaçam nosso raciocínio, nossas decisões e nosso entendimento espiritual, deixaríamos de lado aquilo que não podemos mudar e faríamos as pazes com nós mesmos.

Em algum momento todos temos algum tipo de arrependimento. "Se eu não tivesse largado aquele emprego..." "Se tivesse me casado com outra pessoa..." "Se tivesse tido mais filhos..." O envelhecimento traz uma perspectiva mais ampla que nos permite avaliar as escolhas e as consequências dos nossos erros. A maioria fica com um profundo pesar por causa de oportunidades perdidas.

De onde vem o arrependimento? Das experiências desperdiçadas. Ao olharmos para trás, sentimos que perdemos a oportunidade de fazer alguma coisa maravilhosa ou significativa. Ele pode também ter origem em um sonho que negamos a nós mesmos. Digamos que você quisesse ser bailarina, ou jogar num time importante, mas o tempo e as circunstâncias da vida o afastaram da concretização de seus sonhos.

Outro tipo de arrependimento aflige pessoas que têm medo de assumir riscos. Talvez elas não tenham autoestima suficiente, talvez temam a responsabilidade de tomar decisões ou de fazer algo para alcançar o sucesso. Elas podem se arrepender de ter escolhido o caminho mais fácil, de nunca terem testado a si mesmas ou suas habilidades. Isso pode levá-las a sentir ressentimento, rancor, raiva e depressão. Em muitos casos, tornam-se amargas e cínicas.

Outro tipo de arrependimento tem como origem a lembrança do modo como tratamos outras pessoas. "Eu não precisava ter gritado tanto com a minha filha quando ela era pequena", "Gostaria de ter me envolvido mais quando o meu sobrinho teve um problema com a bebida".

A maioria dos arrependimentos tem a ver com laços de família. Grande parte do meu trabalho é restabelecer relacionamentos entre parentes. Relacionamentos acabam porque ninguém quer pedir desculpas, ninguém diz "Sinto muito". Um desentendimento entre dois membros da família pode produzir um efeito nocivo nos demais. Também pode haver muito mal-estar e tristeza nas grandes festas. Quem convidar para o almoço de Páscoa? Quem visitar no Natal ou na passagem do ano? Já transmiti a muitas famílias milhares de mensagens de seus entes queridos que se encontram no mundo espiritual. Quase todos se arrependeram de terem perdido momentos de união familiar por causa de suas disputas e teimosias.

Para nos livrarmos dos arrependimentos e mudarmos nossa vida para melhor, precisamos aceitar que somos impotentes em relação ao passado. Ele já aconteceu, e não temos como fazê-lo retornar. Podemos viver apenas no momento presente, no *agora*. Essa é a oportunidade de avaliar nossas circunstâncias atuais, rever nossos valores e metas e começar a tomar decisões capazes de promover, daí para a frente, a vida que desejamos construir.

Jenny Haustead era a imagem perfeita da esposa e mãe: atraente, charmosa, loura, de olhos azuis e modos perfeitos, sempre impecável ao se vestir. Nada estava fora de lugar, e ela se esforçava para causar boa impressão. Dedicava-se aos dois filhos, Doug e Bobby, e nunca perdia um culto de domingo. Aparentemente, Jenny tinha uma vida ideal, que logo começaria a desmoronar.

Dezesseis anos depois, durante uma sessão, olhei para uma mulher de cinquenta e poucos anos. Naquela noite, vários espíritos tinham enviado mensagens para pessoas da fileira dela, e, sempre que eu falava, notava um espírito jovem e bonito em pé atrás dessa mulher. O espírito não dizia nada, mas me olhava insistentemente, como se quisesse saber se eu podia detectar a presença dele.

Finalmente, senti que precisava falar com aquele espírito. Olhei para a mulher de meia-idade e perguntei:

– A senhora conhece um homem louro que morreu com cerca de 26 anos?

– Não, acho que não – ela respondeu.

O jovem me agradeceu por tê-lo enxergado. Senti que ele não queria perder a chance de transmitir sua mensagem. Ele começou a me enviar seus pensamentos.

– A senhora reconhece o nome Jen ou Jenny? Esse homem também está falando sobre velejar e o nome Bob ou Rob.

– Meu Deus! Sim! Velejar! Esse é o meu sobrinho Robert, Bobby, filho da minha irmã Jenny. Ele está aqui? Oh, meu Deus! Eu sinto muito, Bobby. – A mulher começou a chorar.

– A senhora conhece uma Chris ou Christine?

– Sim. O meu nome é Christine.

– A senhora tem sonhado com o Bobby, não tem? – perguntei.

– Sim, mas os sonhos mais parecem pesadelos. Eu deveria ter...

– Bobby está me dizendo que, quando ele morreu, a senhora estava viajando e não chegou ao hospital a tempo.

Ela ficou chocada ao me ouvir dizer algo que poucos sabiam.

– Ele quer que a senhora saiba que ele não morreu sozinho. Ele diz que a senhora estava preocupada com isso.

Levantando a cabeça, a mulher olhou para mim.

– Ele não morreu sozinho? Oh, graças a Deus! Sinto muito não ter estado lá com você, Bobby.

– Sinto que a mãe dele não gostaria do que estou fazendo – falei. – Ela não aprova essa comunicação. Isso vai contra as crenças dela. É verdade?

– Sim, você tem razão. Ela é muito religiosa.

– Ele está me pedindo que transmita uma mensagem para a mãe. Diz que a perdoa, que ela não precisa mais se prender aos arrependimentos. Eles já lhe ensinaram o suficiente. Bobby sente muito orgulho da mãe e diz que ela é inteligente demais para seguir crenças intimidadoras.

– Vou transmitir isso a ela.

Bobby então me mostrou uma Bíblia.

– A senhora está familiarizada com a Bíblia e, em especial, com a passagem Levítico 18:22? – perguntei.

– Infelizmente, sim. Essa era a principal passagem que Jenny usava para atacar o Bobby, por ele ser gay. Ela frequentava uma igreja evangélica e acreditava que o Bobby estava vivendo em pecado. Por causa de suas rígidas crenças, ela achava que ele estava indo contra a vontade de Deus. Ela tentou fazer com que ele fosse "desprogramado", exorcizado e tudo o que era possível. Mas ele continuava sendo o Bobby, um garoto maravilhoso que não podia mudar quem era. Infelizmente, foi pego tendo relações com seu treinador de voleibol. O mundo de Jenny desmoronou. Por fim, ela afirmou que, se ele continuasse a viver em pecado, ela o renegaria. Ele continuou, e ela rompeu com ele.

Eu não podia acreditar no que estava ouvindo.

– Há quanto tempo isso aconteceu?

– Há cerca de 16 anos. Depois disso, as comportas se abriram. Jenny passou a participar de passeatas de protesto sempre que havia eventos homossexuais na cidade. Então Bobby adoeceu e morreu.

– Ele está me dizendo que, após a morte dele, a mãe começou a compreender.

– Sim, ela começou a avaliar suas crenças. Estudou a Bíblia e logo começou a perceber que tinha recebido informações erradas. Quanto mais Jenny estudava, mais se sentia traída por suas crenças religiosas. Percebeu que o filho não era um pecador e que ela o condenara por pressão da Igreja. Desde então, passou a sentir um grande arrependimento. Queria reparar o mal que causara ao filho, fazer alguma coisa em sua memória.

– E o que foi que ela fez? – perguntei.

– Ela é uma ativista em prol da prevenção da aids, e viaja por todo o país pregando o amor em vez do ódio. Agora frequenta uma igreja que aceita homossexuais. Ela diz que eles pregam o amor, não o julgamento. Sente-se muito mais perto de Deus do que se sentia antes.

Bobby chorava lágrimas de amor e tinha mais uma mensagem.

– Ele está pedindo: *Diga a mamãe que a amo.*

Nós nos arrependemos ao perder entes queridos antes de termos tido a chance de dizer adeus ou reparar mágoas causadas. Não é fácil passar o resto da vida nos perguntando "O que teria acontecido se?".

Já recebi milhares de cartas de pessoas do mundo inteiro que sofrem por causa de seus arrependimentos. Elas tentam levar uma vida normal, porém, até a situação delas ser resolvida de maneira saudável e construtiva, estarão apenas encobrindo suas dores.

É fundamental que todos entendam as consequências de levar arrependimentos desta vida. Precisamos nos livrar deles aqui. Quando os arrependimentos não são resolvidos na Terra, tornam-se parte do nosso espírito e nos atormentam no outro mundo.

Como os espíritos residem num mundo incorpóreo, todos os sentimentos e pensamentos ficam exacerbados, e qualquer entulho emocional que levem com eles se torna maior. O comportamento que tiveram na vida terrena fica mais intenso no mundo dos espíritos, onde não se podem esconder pensamentos e sentimentos. Seu caráter e os traços da sua personalidade são expostos para que todos os vejam. Ao compreender isso, você pode reavaliar suas posições inabaláveis enquanto ainda está na Terra e buscar uma nova perspectiva para suas escolhas. Porque, quando morrer, não poderá se livrar do problema que não estava disposto a enfrentar aqui. Meu melhor conselho é: reconcilie-se *agora.*

Imagine quanto é terrível para os espíritos, que estão num estado de realidade intensificada, sentirem seus arrependimentos terrenos. Muitas vezes, eles gemem: *Se soubesse disso enquanto estava vivo, teria agido de outro modo.* Os espíritos muitas vezes expressam sentimentos que vão além do simples arrependimento. Eles imploram perdão e compaixão, para que possam deixar para trás suas bagagens emocionais e passar para o próximo estágio evolutivo. Por isso, aprenda com os sofrimentos, dores e arrependimentos dos outros e aplique esse conhecimento à sua vida. Você não precisa sofrer por questões malresolvidas quando deixar este mundo, como o indivíduo da história a seguir.

## A FALÊNCIA DE UM BANCO DE INVESTIMENTOS

No sudeste dos Estados Unidos fiz uma demonstração para um grupo grande, formado por cerca de 40% de homens e 60% de mulheres. Quando comecei com as sessões, a plateia era composta por 80% de mulheres. Os outros 20% eram maridos levados à força pela esposa.

Eu estava prestes a fazer um intervalo quando um espírito vestindo um terno cinza apareceu, apontando insistentemente para uma mulher na plateia de cerca de 75 anos. Ele me disse que seu nome era Earl.

– Desculpe-me, senhora. Reconhece o nome Earl?

A mulher olhou para mim, muito atenta.

– Não, não conheço nenhuma pessoa com esse nome.

– Ele está falando sobre o Savannah Savings – eu disse.

Ao ouvir isso, a atitude da mulher mudou por completo.

– Oh, aquele desgraçado? Li que ele tinha morrido. Bem, espero que apodreça no inferno!

A plateia ficou chocada. Ouvi murmúrios por toda a sala. O homem sentado à direita da mulher sussurrou em seu ouvido.

Earl se postou na minha frente. *Ela não vai me escutar. Vim com a esperança de poder fazê-la ver como me sinto.*

– Qual é o seu nome? – perguntei à mulher.

– Trudy! – ela gritou.

– Esse homem, Earl, está dizendo: *Por favor, peça a essa adorável senhora que procure me perdoar. Lastimo profundamente o que aconteceu.*

– Ele deveria se sentir muito mal pelo que fez – disse, ignorando o pedido dele. – Que pilantra! Roubou todas as nossas economias! E eu não sou a única; ele roubou muitas outras pessoas.

Earl estava verdadeiramente perturbado. *Eu possuía uma empresa com um grupo de sócios. A minha função era captar investidores, e a deles era investir o dinheiro. Eu tinha muita habilidade para convencer as pessoas.*

– Ele está dizendo que tinha um dom com as pessoas.

– Grande coisa! – interrompeu ela. – O que devemos fazer agora, Earl?

– Ele sente muito, está arrependido. Não sabia que os investimentos não eram seguros, isso não competia a ele. Está revivendo cada momento da própria existência, sentindo a dor que causou aos outros. Ele se pergunta se poderia ter agido de outro modo. Está abalado por ter arruinado tantas vidas. Quer que a senhora acredite que ele não pretendia prejudicar ninguém. Não podia ver o que consegue ver agora. Está dizendo: *Preciso reparar o mal que causei com minhas ações.*

Earl prosseguiu, revelando que estava numa espécie de centro terapêutico.

– Ele está me mostrando a situação em que se encontra. Eu o vejo num local pouco iluminado, aflito com o problema criado pela ganância. Há outras pessoas como ele lá. Elas têm atitudes e comportamentos semelhantes. Há muita escuridão e infelicidade.

– Parece o inferno – a mulher disse com satisfação.

– Acho que a senhora está certa.

Tentei explicar para a plateia o que eu via e sentia.

– Earl está aprendendo como seu medo, sua ganância e seus desejos insaciáveis o cegaram. Ele achava que acumular dinheiro era mais importante do que tudo, e isso se tornou sua verdade. Agora que está vivenciando o mundo que ele mesmo criou, sente-se cercado por sua própria ganância e por seu próprio materialismo. Além de sofrer por seus pensamentos e ações, sente a agonia daqueles a quem enganou. Ele tem muito trabalho a fazer.

Todos escutavam atentamente a história daquele espírito. Virei--me para a mulher à minha frente:

– Dona Trudy, embora a senhora conheça esse homem apenas pelo modo como ele a afetou, tente entendê-lo numa perspectiva mais ampla. Ele está me contando a história da vida dele. Sempre apanhava dos dois irmãos mais velhos, era massacrado por eles. Por isso, cresceu com uma enorme falta de confiança em si mesmo. Queria que o pai e os irmãos o valorizassem, amassem e aceitassem.

– Por que você está falando sobre tudo isso? – ela perguntou. – Eu pouco me importo com o que aconteceu com ele.

– Às vezes precisamos conhecer o passado de uma pessoa para entendê-la. A senhora acha que é possível sentir compaixão por Earl? Ele tem tentado ajudar a senhora e o Joe.

Ela ficou surpresa quando mencionei Joe, mas reagiu prontamente:

– Joe não precisa da ajuda dele, especialmente agora.

A seguir, Earl me enviou um novo pensamento.

– A senhora conhece um Dr. Watkins?

– Sim, é o médico do meu pai – respondeu o homem sentado ao lado dela, seu filho Steven. Sua atitude deixava transparecer que ele não acreditava muito no que eu estava dizendo.

– Earl está me dizendo que seu pai quase morreu porque os médicos do hospital fizeram um diagnóstico errado. É verdade?

– Como é que o senhor sabe disso? – ele perguntou.

– Esse Dr. Watkins entrou direto no quarto do seu pai, não foi? – Steven estava ficando pálido. – Ele enganou-se de andar e entrou no quarto do seu pai achando que ia ver outro paciente. Quando o examinou, descobriu o que nenhum dos outros médicos diagnosticara: uma reação alérgica nos pulmões.

Houve um murmúrio de surpresa na plateia.

– Nós nos perguntamos como aquele estranho pôde entrar no quarto do meu pai e fazer um diagnóstico correto – disse Steven. – Aquilo não fez nenhum sentido na ocasião. Achamos que nossas orações tinham sido ouvidas e que aquele médico fora enviado por Deus.

– Sim, ele foi – confirmei. – Foi Earl quem fez com que o médico saltasse no andar errado e examinasse seu pai.

– Não acredito! – Steven exclamou.

– Pois eu acredito! – gritou dona Trudy. – Se ele conseguiu nos convencer a entregar-lhe todo o nosso dinheiro, por que não conseguiria persuadir um médico a ir a um lugar?

Percebi que a capa de dureza dela estava começando a se desfazer. Trudy por fim compreendera que Earl não era de fato uma pessoa má, simplesmente fora envolvido em circunstâncias ruins.

Ela olhou para o filho e, a seguir, para mim.

– Diga ao Earl que não se preocupe mais. Eu o perdoo. – Ela hesitou. – O senhor pode dizer-lhe mais uma coisa?

– Claro.

– Agradeça por ter me trazido meu Joe de volta!

– Ele pode ouvir a senhora.

Pedi à plateia que enviasse amor e perdão para que Earl pudesse sair da escuridão e ir para a luz. E disse também a Trudy quanto me orgulhava por ela ter perdoado aquele homem.

# TRÊS

# AMOR VERSUS MEDO

Já fazia uma semana que eu tivera meu misterioso sonho e ele continuava me atormentando. Todas as noites, antes de dormir, eu tentava, pela meditação, me conectar com ele outra vez. Estava ansioso para ver se por trás do sonho havia alguma mensagem. Tudo indicava que eu de fato tinha perdido alguma coisa. Um dos aspectos mais frustrantes do meu trabalho é poder transpor as dimensões terrenas e trazer mensagens para os outros, mas não conseguir fazer isso para mim mesmo. Muitos médiuns compartilham esse traço. Por conseguinte, dependo dos meus sonhos para receber revelações dos meus guias e entes queridos. Descobri que os sonhos são, de fato, um meio comprovado para os espíritos se manifestarem. Portanto, embora não conseguisse voltar àquele sonho específico, permanecia aberto a qualquer coisa que ainda fosse se revelar.

Enquanto repassava tudo na minha cabeça, tentando dissecar o sonho, procurava me lembrar das principais imagens. Eu sabia que estava em um tipo de hospital. Vi um bonito pôr do sol que se transformou em lindos arranjos de flores. E havia também o homem misterioso. O que ele estava tentando me dizer?

O pôr do sol parecia familiar. Por que eu estava num ambiente hospitalar? Seria um símbolo para a cura? Eu me lembrava de ter sentido uma grande sensação de amor e carinho que me deixara feliz. O sonho tinha alguma coisa a ver com um novo começo.

Mas o homem misterioso me deixara confuso. O que ele tentava me dizer? Será que representava alguma parte de mim? Não conseguia esquecer o sonho; ele se enraizara na minha consciência. Decidi pensar nele mais tarde. Talvez alguma luz se acendesse e algumas sensações ou alguns pensamentos novos chegassem a mim.

Como a sensação mais importante que obtive no sonho foi a de amor, manteria minha mente concentrada nele. O amor é a única energia da qual somos todos feitos. É através dessa força que consigo transpor o espaço entre o lado espiritual da vida e o mundo físico. O amor é quem nós somos, é o equivalente da vida em si. Para mim,

Amor e Deus são uma realidade única; não podemos separar um do outro. Deus sempre diz sim. Nosso ego é que diz não.

Muitos tentam se agarrar ao amor como se ele fosse um bem; no entanto, o amor não pode ser possuído. Sempre achei interessante observar casais tentando impor seus conceitos de amor um ao outro. Por exemplo, uma mulher pode tentar manipular seu companheiro para que ele se torne sua imagem de amor ideal. Ela estará se preparando para uma grande decepção, porque seu parceiro nunca será o que ela considera um amor *perfeito*. Seria muito melhor se ela louvasse seu parceiro por ser quem ele é e apreciar a singularidade do amor dos dois. As pessoas se unem para aprender os vários níveis e aspectos do amor, que nunca é estático, está sempre evoluindo.

O oposto do amor é o medo. Sempre estranhamos quando há ausência de amor. Pense na última vez em que você brigou com alguém. Sua pressão sanguínea subiu, a temperatura do seu corpo mudou, você ficou abalado e desequilibrado. Sentiu-se desconfortável. Infelizmente, há mais medo do que amor no mundo. Muitas pessoas estão em guerra umas com as outras e o efeito é totalmente destrutivo. O medo vai contra tudo o que nos é natural como seres espirituais. Se Deus é Amor, então o medo é um falso deus. Se acreditamos no medo, veneramos um ídolo falso.

## O ILIMITADO SUPRIMENTO DE AMOR DO CORAÇÃO

Num nível espiritual, o vínculo de amor entre duas pessoas é muito forte. Ele transcende a separação e continua além da morte.

Conduzi uma sessão em North Hollywood, Califórnia. Antes de começar, entrei numa sala para me preparar. É raro um espírito me perturbar antes do começo da sessão, mas às vezes acontece. Enquanto levava minha energia pela espinha até o centro da garganta, ouvi claramente a voz de uma mulher dizer: *Por favor, ajude o meu Frankie. Ele está perdido.* Enviei um pensamento ao espírito para que me dissesse seu nome. *Karen*. Ela me informou que era a esposa de Frankie.

Escrevi os nomes de Frankie e Karen no meu bloco e disse a Karen que estaria aberto para falar com ela quando começasse a parte das mensagens da sessão. Aquilo pareceu satisfazê-la, e pude terminar minha preparação para o trabalho.

Cerca de uma hora depois, ouvi claramente Karen dizer: *Estou aqui. Por favor, ajude o meu Frankie!*

– Há algum Frankie aqui que perdeu a esposa, Karen? – perguntei.

Um homem que estava na última fileira levantou a mão timidamente.

– Eu me chamo Frank e perdi minha esposa, Karen, há alguns anos. – Ele se levantou juntamente com a mulher que estava sentada ao seu lado.

– Sou a irmã de Karen, Ann – ela disse.

Comecei a ver Karen se materializando junto de Frank. Ela tinha longos cabelos castanhos e parecia ser bela. Estava usando um vestido longo e esvoaçante branco e cor-de-rosa e arrancava, uma a uma, as pétalas de uma rosa branca, deixando-as cair sobre seu marido. Os pensamentos que ela transmitia eram bastante fortes.

– Frank, sua esposa quer que você saiba que ela o vê o tempo todo e que está sempre com você. Ela está mencionando um lugar chamado Moonshine. Você sabe do que se trata?

– Sim – ele respondeu, parecendo surpreso. – Nós nos conhecemos lá. Uau, isso é incrível!

– Ela está me dizendo que você é e sempre foi um cavalheiro, e está mencionando o nome Crunch ou Cruncher. Você entende isso?

Ann levou a mão à boca ao ouvir aquilo.

– Sim, na noite em que a conheci, havia lá um rapaz chamado Cruncher – continuou ele. – Estava muito bêbado e não parava de incomodar a Karen. Eu o segurei e o fiz parar.

– Ela está dizendo que você quebrou uma garrafa de cerveja na cabeça dele, e os policiais o levaram embora – acrescentei.

A plateia riu.

– Karen agora está me mostrando uma imagem: você sentado numa cadeira branca de metal no deque dos fundos, e ela em pé atrás de você.

– Sim, vou lá o tempo todo. Meu Deus, isso é inacreditável.

– Ela está sacudindo o dedo para você e dizendo: *Você sabe muito bem que isso não é bom.*

– Compreendo. Vou lá todas as manhãs e todas as noites para fumar.

– Ela está me dizendo que pode escutar seus pensamentos e que enxuga suas lágrimas.

– Ela era minha vida, era tudo para mim – disse Frank, chorando.

– Sim. E você é tudo para ela! – retruquei. – Ela está tentando ajudá-lo a viver outra vez, mas sente dificuldade porque você ainda está preso à memória dela e não quer ir em frente. No seu coração não há espaço para nada novo em sua vida. Ela quer que eu lhe diga que você a fez viver.

– Eu a matei. Deveria ter o remédio em casa quando ela precisou.

Frank desmoronou, e Ann acariciou suas costas para confortá-lo.

– Ela diz que um dia você vai conhecer e amar outra mulher.

– Nunca conseguirei amar outra mulher. Meu coração está partido. Quando Karen morreu, levou junto meu coração.

Naquele instante, Frank teve a mesma reação que eu já presenciara centenas de vezes. Quando um companheiro ou uma companheira que já morreu diz ao que continua vivo que ele ou ela irá se apaixonar outra vez, a reação é geralmente negativa: "Não, nunca mais amarei outra pessoa!" Minha função, no entanto, é transmitir a mensagem, e não forçar alguém a acreditar nela.

– Ainda existe amor em você. O suprimento de amor é ilimitado – afirmei. – Ela está dizendo que você está se deixando dominar pelo medo.

Naquele momento, a irmã de Karen interrompeu.

– Ele não sai de casa há cerca de dois anos. Isso é loucura!

A seguir, Karen me enviou outro pensamento.

– Você conhece uma mulher chamada Marcie?

– Não... não sei de quem você está falando. – Frank olhava para o chão.

– Karen alguma vez foi indelicada com essa Marcie? Porque ela está dizendo que isso aconteceu há muito tempo. Ela não deveria ter se comportado tão mal. Ela quer recompensá-la. Ela acha que precisa fazer isso.

– Eu não conheço nenhuma Marcie.

Ann e Frank conversaram um pouco e depois olharam para mim.

– Karen está pedindo que você vá dançar no velho Moonshine. Está prometendo que você vai se divertir.

– Eu não saio mais – ele disse.

– Karen está implorando que você vá. Está dizendo que isso vai mudar sua vida. Está insistindo muito e dizendo que você sabe que ela sempre consegue o que quer.

– O.k. Farei isso por ela – concordou, sorrindo.

Vários meses depois, Kelley, minha assistente, me entregou um convite de casamento. Junto, havia o seguinte bilhete:

*Prezado James,*

*Obrigado por ter me trazido a vida de volta. Eu jamais teria acreditado que isso fosse possível se não fosse aquela noite. Algumas semanas depois, fui até o velho Moonshine Club. Lá, encontrei Marcie, uma antiga colega de faculdade. No momento em que a vi, senti meu coração palpitar. Eu tinha me esquecido totalmente dela. Sei que é a mesma Marcie sobre quem Karen nos falou.*

*Um abraço,*
*Frank*

O convite tinha a forma de coração. Nele estava escrito:

*Meu coração está inteiro outra vez.*
*Por favor, venha unir-se a Marcie e Frank para a comemoração*
*de um ilimitado suprimento de AMOR.*

O medo atinge as pessoas de maneiras diferentes. Sua energia nos puxa para um lugar onde a vida parece difícil. Tudo fica embaçado pela limitação e pelo desânimo. Mas não podemos encontrar o que de fato desejamos atrás de uma parede de medo. No caso de Frank, ele não conseguiu se livrar do medo e da depressão até se sentir cercado pelo amor de Karen. Com o amor de sua esposa em espírito, ele pôde encontrar mais amor e felicidade na Terra.

## NÃO TEMA, MEU AMOR

Algumas pessoas precisam esperar até a morte para entender o impacto negativo que suas vidas e crenças exercem no crescimento de outras pessoas. Eu o incentivo, enquanto estiver lendo, a refletir sobre a maneira pela qual o medo pode atrapalhar sua vida.

Desde muito cedo Martin Katz sentiu medo. Aprendeu com os pais. Quando se aproximava de uma mesa, eles rapidamente o seguravam por temerem que ele batesse com a cabeça. Mantinham-no dentro de casa quando estava nevando para que não sentisse frio, se molhasse e, como dizia sua mãe, “pegasse uma doença fatal”. É natural que os pais se preocupem com a segurança dos filhos, mas os de

Martin levavam suas preocupações ao extremo. Ele cresceu cheio de medos, principalmente o da morte.

Apesar do medo obsessivo, Martin cresceu normalmente e se casou com Charlotte, uma mulher maravilhosa com quem teve dois filhos.

Eu estava fazendo uma sessão particular para um grupo pequeno quando o conheci. Enquanto examinava as nove pessoas do grupo, vi uma mulher que se destacava do resto por estar muito tensa.

– Você está bem? – perguntei a ela.

– Sim, acho que sim. Nunca fiz isso antes e estou um pouco nervosa.

Expliquei como a comunicação funcionava: eu erguia a minha energia enquanto os espíritos abaixavam as deles, e nos encontrávamos. Garanti ao grupo que não havia nada a temer porque o nervosismo excessivo bloqueia o fluxo da energia concentrada usada na comunicação.

Após 45 minutos e várias mensagens, eu estava pronto para enfrentar a mulher nervosa na minha frente.

– Qual é o seu nome?

– Stephanie.

Um espírito andava de um lado para outro atrás dela. Ele estava muito nervoso e me perguntei se ela não estaria assimilando a ansiedade dele. Isso é bastante comum.

– Agora é sua hora de falar – disse ao espírito, por telepatia.

Primeiro, ele ficou surpreso, depois, me agradeceu.

– Há um homem em pé atrás de você – falei para Stephanie. – Está muito nervoso. Está me dando um nome que soa como Marty ou Martin. Você conhece alguém com esse nome?

– Sim, é o meu pai, Martin. Mas não compreendo. Ele não acreditava na vida após a morte. Tinha pavor dessas coisas.

– Ele está lhe enviando muito amor e quer que você saiba que ele não teme mais a morte. Diz que as ideias dele estavam completamente erradas e que se sente muito burro por ter sido tão medroso. Está dizendo que a morte é natural, indolor.

Lágrimas corriam pelo rosto de Stephanie.

– Como é que foi? – ela perguntou.

– Como assim? – repliquei.

– A morte dele. Meu pai tinha tanto medo da morte...

– Ele está dizendo que foi muito natural. Lembra de estar deitado na cama do hospital assistindo a televisão quando, de repente, viu o irmão dele, Max, que tinha morrido anos antes. A seguir, viu a mãe e o pai, só que ambos pareciam jovens. Ele ficou surpreso por nenhum deles ter no rosto a expressão preocupada de costume. Ele não sabia ao certo onde estava, e Max lhe disse para se levantar. Martin está dizendo que ficou confuso e disse a Max que estava doente, que não podia sair da cama. Max disse que ele não estava doente, que tudo estava na cabeça dele, que simplesmente pensasse em quanto ele se sentiria bem.

Martin estava me enviando muitos pensamentos ao mesmo tempo. Eu falava depressa para poder acompanhá-lo.

– Seu pai está dizendo que se levantou e que, de repente, estava num jardim bonito, cercado por todas as pessoas que já tinha conhecido. Diz que aquela foi a primeira vez que se sentiu livre, que não sentiu medo. Foi como se tivesse escapado da prisão. Então a mãe dele se aproximou e pediu desculpas por ter incutido nele tanto medo da vida.

Stephanie estava estupefata.

– É difícil acreditar que esse seja realmente ele – ela disse baixinho.

– Ele diz que o medo prejudica você, bloqueia sua curiosidade e sua imaginação para criar. Quer que eu lhe diga que tudo é possível. Faculdade de Direito significa alguma coisa para você?

– Sim. O sonho do meu pai era ser advogado, só que ele nunca achou que fosse inteligente o bastante para isso. Tornou-se um vendedor de camisas. Ele se arrependeu de nem mesmo ter tentado. Sempre nos dizia que se perguntava o que teria acontecido se não tivesse tanto medo.

– Ele está dizendo que sabe que teria sido um ótimo advogado se tivesse acreditado em si mesmo. Também está me dizendo que vai ter uma segunda chance de realizar seu sonho.

Stephanie começou a chorar.

– Eu compreendo. Vou fazer o exame da Ordem daqui a dois dias. Antes de vir aqui, hoje, eu ia cancelar a prova, porque estava com muito medo, sem saber se conseguiria fazê-la. Agora mudei de ideia! Papai me deu coragem.

*– E liberdade*, ele está me dizendo. *Porque, decididamente, você se ama o suficiente para romper a corrente de medo da família!*

Com aquele anúncio, Martin colocou seus braços espirituais em volta da filha e lhe deu um beijo.

Nossas crenças são formadas pela criação familiar, pelas experiências passadas e pelos valores da comunidade. Vemos o mundo através dessas crenças, e com elas nos avaliamos e medimos nossa importância no mundo. Como muitas dessas crenças são baseadas no medo, olhamos o mundo com olhos temerosos e formamos opiniões a partir dessa perspectiva distorcida. O medo bloqueia qualquer reconhecimento do nosso verdadeiro eu. Quando estamos no estado anormal do medo, nos sentimos inadequados, inseguros, não amados, malcompreendidos, zangados e tristes, e facilmente nos voltamos para o álcool, as drogas, a comida, os jogos de azar, o sexo e qualquer mecanismo de escape. Nós nos entregamos a esses comportamentos autodestrutivos para escapar desses sentimentos anormais e desconfortáveis.

A maioria das pessoas não percebe o efeito do seu sistema de crenças em sua vida e na dos outros até ser tarde demais, ou, como no caso de Martin, até depois de morrerem. Muitas vezes, é necessário que ocorra uma experiência especial para nos despertar para as consequências do medo. Pode ser uma doença terminal, um acidente, uma experiência de quase morte ou um momento de intensa percepção interna.

Embora o medo possa nos levar a agir com prudência, ele é capaz de diminuir nossa energia vibratória. Além disso, corremos o risco de contagiar nossos filhos e os que nos cercam com nossos medos. Em um círculo vicioso, aquilo que mandamos para fora retorna para nós.

Se definimos nossa realidade medindo o mundo com nossos sentidos e com o que nos ensinaram, acreditamos que só aquilo que percebemos ao nosso redor é real. A verdade é que a vida na Terra é uma ilusão temporária. Na realidade, tudo é transitório no mundo físico. A única verdade constante é o amor – o poder que cria e expande.

São as características do amor que atraem pessoas e situações para nós. Quando fazemos alguma coisa por amor, criamos mais amor. Em contrapartida, quando fazemos algo por dinheiro ou fama, por exemplo, poderemos obter essas coisas, mas nosso coração e nossa alma ficarão vazios. Quando vivemos com amor, ele nos afeta com características positivas como alegria, felicidade e compaixão.

Pare alguns minutos e reveja certas decisões e escolhas que fez na vida. Elas vieram de um lugar de amor ou de medo? Se você está feliz e realizado, está vivendo num lugar de amor. Mas, se estiver se sentindo frustrado, ansioso ou inseguro, isso significa que deixou o medo comandar sua vida e está vivendo na ilusão da verdade. A partir deste momento, preste atenção nas decisões que tomar. Se ficar preocupado e aflito, isso significa que está vindo de um lugar de medo. Mas, se a decisão o deixar feliz, você estará vindo do amor. Como verá na próxima história, com o amor tudo é possível.

## ANJOS DA VIDA

Eu estava no meio da minha demonstração quando notei dois espíritos – uma enfermeira e um médico – atrás de uma mulher ruiva sentada no fundo da sala. Sempre que vejo espíritos médicos ao redor de alguém, sei que estão lá porque foram ajudar a curar um indivíduo com um problema de saúde ou são guias que levam energia para alguém que também trabalha na arte da cura. Naquele caso, a razão era esta.

– Posso ir até você? – eu disse, apontando para a mulher ruiva.

– Claro.

A enfermeira e o médico me cumprimentaram e se misturaram discretamente no ambiente. Outro espírito, dessa vez uma mulher de cabelos louros, sorriso angelical e olhos azuis, apareceu.

– Há uma senhora em pé junto a você – falei. – O nome dela é Maureen. Você a conhece?

– Não, não estou reconhecendo o nome.

A seguir, Maureen me enviou outro nome.

– Você reconhece o nome Tibbett?

– Não. Não tenho a mínima ideia de quem seja.

Eu podia ver que a mulher ruiva não reconhecia o nome porque a mente dela estava muito concentrada em quem ela queria ver. Às vezes as pessoas na plateia têm determinados entes queridos em mente, e não os espíritos que de fato aparecem. Depois de algum tempo enfim se lembram de quem estava tentando se comunicar com elas. Achei que aquele podia ser o caso. Percebia que Maureen queria dizer algo importante para aquela mulher, e por isso ela me enviou outro pensamento.

– Você conhece uma escola chamada Regency School?

A expressão da mulher mudou quando ela fez a conexão. Começou a chorar e ficou calada. Um dos meus assistentes foi ajudá-la.

– Maureen está me dizendo que trabalhava naquela escola por causa do seu amor pelas crianças. Ela sentia que a missão dela na Terra era proteger crianças pequenas. É por isso que ela se encontra aqui hoje. Você está compreendendo?

– Sim, estou. Maureen é a pessoa que salvou minha vida.

– Ela está dizendo que é o seu anjo da guarda.

– Maureen era guarda de trânsito na Regency School, onde eu estudava. Ela sempre tinha um sorriso e nos dava pequenas lembranças. Nós a adorávamos. Costumávamos chamá-la de Dona Tibbett e gostávamos de brincar com ela. Muitas de nós recebiam mais amor de Dona Tibbett do que dos próprios pais.

– Ela está me dizendo que queria ensinar a elas que o amor é tudo, para que, quando crescessem, soubessem como usá-lo.

– Compreendo – a mulher respondeu. – Ela me deu seu amor supremo. Eu gostaria de retribuir o que ela fez por mim. – Entre lágrimas e soluços, a mulher contou sua história.

– Eu tinha acabado de sair da escola e caminhava pela calçada quando vi minha mãe do outro lado. Fiquei tão excitada que atravessei a rua sem olhar para os lados. Ouvi um grito, e quando voltei a mim estava deitada na calçada junto ao meio-fio. Minha mãe segurava minha mão e me contou que, no momento em que atravessei a rua, um ônibus escolar avançou na minha direção. Dona Tibbett me empurrou para longe e me salvou, mas o ônibus a atropelou e ela morreu. Eu sempre quis agradecer a ela.

– Bem, este é o momento – eu disse, com entusiasmo.

Ainda emocionada, a mulher olhou em direção ao teto e disse:

– Obrigada, Maureen.

– Ela está dizendo: *Não há por que me agradecer. Você me faz sentir muito orgulho. Você não apenas demonstra amor, você também já salvou vidas.*

– Não chego aos pés dela – respondeu a mulher.

– O que ela quis dizer com salvar vidas? – perguntei, curioso.

– Sou enfermeira especializada em bebês prematuros. – Ela sorriu.

– O amor! Este é o presente da vida – falei à plateia.

O amor não tem fronteiras. Ele não é possessivo nem ciumento, e não impõe condições. E, como você pode observar pelas comunicações que apresentamos aqui, ele não reprime. Se todos decidíssemos viver movidos pelo amor e não pelo medo, não haveria sentimentos de culpa, nem guerras e sofrimentos. Como somos feitos à semelhança de Deus, e Deus é Amor, precisamos nos esforçar para manifestar nosso amor em tudo o que fazemos, dizemos e somos.

# QUATRO
# O JOGO DA CULPA

É uma pena que tantas pessoas não consigam encontrar no coração o desejo de serem mais amorosas. Como não conseguem, ocorrem conflitos. Isso acontece entre membros da família, amigos, organizações, comunidades e países. Nós preferimos culpar alguém por nossos erros e problemas a assumir a responsabilidade por nossas ações. O jogo da culpa parece ser parte normal da vida: se eu estou com a razão, você precisa estar errado. É muito mais fácil culpar do que tentar compreender os outros praticando o amor e o perdão.

Desde muito cedo aprendemos a culpar os outros. Por exemplo, se uma criança é surpreendida fazendo alguma coisa errada, ela tende a acusar outra criança. Ela não quer sofrer as consequências de sua transgressão. Se uma criança consegue se safar dessa maneira muitas vezes, passa a achar que é certo culpar os outros.

Já conheci muitas pessoas que precisam – e querem – culpar os outros pelas circunstâncias das suas vidas, porque é muito fácil responsabilizar alguém por nossas frustrações. É difícil admitir que fizemos escolhas erradas. Se persistirmos nessa mentalidade, cairemos no que é chamado de *consciência de vítima*. Essa consciência de vítima, ou o que gosto de chamar de "grupo de chorões", parece ser normal para muitos. Em síntese, assim como a criança que não quer ser castigada, não queremos assumir a responsabilidade por algo que saiu errado. Por isso, acabamos nos tornando vítimas das nossas circunstâncias e culpando alguma coisa ou alguém pela péssima situação em que nos encontramos.

## VOCÊ NÃO ME AMOU O SUFICIENTE

O próximo relato é sobre se colocar no papel de vítima. A mulher envolvida culpava os pais por todos os seus problemas.

Adrienne Zeil foi a uma reunião da qual participei na Califórnia, em 2005. Havia um total de 40 mulheres provenientes de diversos segmentos econômicos, sociais e políticos de todo o país. Algumas estavam enfrentando sofrimentos, outras queriam esclarecimento espiritual e havia as que estavam lá por mera curiosidade.

Enquanto olhava para as mulheres sentadas diante de mim, recebi a imagem de um Impala 1967 e expliquei o que estava vendo.

– Esse carro está subindo uma montanha a caminho de uma cabana. Está tendo dificuldades em fazer as curvas e contornar os morros. Na realidade, de vez em quando, ele para no acostamento para esfriar um pouco.

Quase todas riram daquele cenário.

– Eu compreendo essa imagem – disse uma mulher baixinha, de cabelos pretos ondulados e óculos com aros de metal. – Meu pai tinha um Impala e frequentemente ia nele para a nossa cabana na montanha.

– Qual é o seu nome? – perguntei a ela.

– Adrienne. Mas pode me chamar de Addie.

– Obrigado por reconhecer essa mensagem – eu disse.

– O meu pai está aqui? Venho esperando para falar com ele há muito tempo. Nunca nos despedimos.

Recebi então a informação de um nome.

– Você por acaso reconhece o nome Nathan ou Nat?

– Sim, esse é o nome do meu pai.

– E você reconheceria o nome Joan?

– Sim, é minha mãe.

– Você conhece Jackson, que está sentado no banco de trás?

– Sim, é o meu irmão. Ele sempre sentava ao meu lado e brigávamos o tempo todo. Meus pais sempre me culpavam por começar as brigas – ela disse, com uma risada nervosa.

– Seu pai diz que a ama, e sua mãe está ao lado dele, sorrindo.

– Isso é impossível – ela respondeu de repente. – Meu pai nunca soube o significado da palavra amor.

Olhei para o rosto do pai dela e vi que ele estava sorrindo. Na realidade, ele irradiava compaixão.

– Seu pai está dizendo que poderia ter dito isso a você mais vezes, mas, enquanto estava no nosso mundo, ele não se amava o suficiente e por isso não conseguia expressar seu amor pelos outros. Sua mãe está balançando afirmativamente a cabeça. Ela diz que percebia como você se sentia em relação a seu pai.

Adrienne não estava compreendendo bem aquilo.

– Minha mãe nunca mencionou isso.

A seguir, transmiti a mensagem da mãe dela:

– Sua mãe está me dizendo que eles tentaram lhe dar a melhor vida que podiam, mas que você se recusava a aceitar.

– Isso não é verdade! Eles não me deram nada. Estavam sempre me criticando. Nunca me incentivaram. Só pensavam em Jackson. Ele era o mais velho e por isso recebia toda a atenção. Eu nunca pedi muita coisa. Queria apenas que meus pais me apoiassem. As coisas poderiam ter sido muito melhores para mim se eu tivesse sentido o amor e a aprovação deles. Posso perguntar-lhes o motivo? Por que não me incentivaram?

De repente, Joan inundou minha cabeça com algumas lembranças incríveis da filha.

– Addie, você se lembra da competição de patinação no gelo? Você se lembra do que sua mãe disse para você?

– Sim. Eu ia desistir porque não achava que era suficientemente boa.

– E o que foi que ela disse?

– Ela me disse para fechar os olhos, me ver como vencedora, e patinar como tal. Eu fiz isso e venci a competição. Meu Deus, não me lembrava disso há anos.

A seguir, o pai dela me enviou outra mensagem.

– Você ganhou uma bolsa de estudos?

– Oh, meu Deus! Não consigo acreditar nisso. Ganhei, sim, uma bolsa parcial.

– Seu pai está mencionando um presente de formatura.

Ela pensou por um instante. E então foi como se uma luz se acendesse na mente dela.

– Sei o que ele está tentando dizer. Ele me disse que bancaria o restante das anuidades por quatro anos se eu aceitasse a bolsa.

– E o que foi que você fez? – perguntei.

– Eu achei que aquela seria apenas mais uma forma de ele poder me controlar e por isso não aceitei a oferta. Peguei o dinheiro, mas gastei num apartamento na cidade para estudar arte, algo em que, infelizmente, eu nunca fui boa.

– Sua mãe está dizendo que você era uma ótima artista, Addie. Ela disse que você fez alguma coisa para ela no Dia das Mães.

Ela balançou a cabeça e suspirou.

– Eu pintei o retrato dela. Modéstia à parte, ficou muito bom. Infelizmente, eu o vendi. Aquela foi a primeira e única peça de arte que vendi.

Essas diversas lembranças fizeram Addie rever a própria vida e ver de onde vinha seu sentimento de fracasso. Ela olhou fixo para mim.

– Eu não acreditava nas minhas próprias possibilidades, achava mais cômodo ser vítima. Eu acusava os outros para não admitir que não queria assumir responsabilidade por mim mesma.

– Bem, Addie, seus pais querem lhe agradecer pelo seu amor.

– Como é que podem? Estou tão envergonhada e arrependida por tê-los culpado por tudo...

– Não. Eles querem agradecer por ajudá-los a ajudar você.

– Hein? Do que é que você está falando?

– Como você não acredita em si mesma, seus pais, como espíritos, têm uma oportunidade extra de ajudá-la. Eles podem auxiliá-la e orientá-la para que você encontre, em seu próprio coração, a luz que vem mantendo escondida há tanto tempo. Parece que eles não conseguiram fazer isso enquanto estavam vivos, mas agora é mais fácil motivá-la. Eles estão dizendo que você parece muito mais aberta, e por isso podem estar ao seu lado e ajudá-la a se lembrar do seu poder espiritual.

Ela ficou perplexa com este último comentário.

– Seus pais estão dizendo que você já começou a descobrir o seu poder. Eles a ajudaram a criar uma situação na semana passada, e você fez o que precisava ser feito! Eles estão muito orgulhosos de você.

– Não sei bem o que isso significa.

–Você não se matriculou num curso de arte na semana passada?

– É verdade. Eu estava caminhando por uma rua em que não costumo andar e na vitrine de uma loja vi um anúncio de um curso de arte. Não sei o que deu em mim, mas entrei e me matriculei. Naquele momento, me senti compelida a fazer isso.

– Joan e Nat armaram aquilo. Eles querem que eu lhe diga mais uma coisa. Que não é tarde demais para descobrir o seu talento e que eles sempre estarão ao seu lado.

– Obrigada, James. – A seguir, ela olhou para o alto e disse: – Eu amo vocês, mamãe e papai.

Quando iniciei a conversa com Adrienne, ela estava agressiva e zangada. Foi fantástico ver como no final da sessão ela parecia mais leve. Os pais lhe deram um dos melhores presentes de cura. A comunicação deles ajudou Addie a se olhar pela primeira vez sob uma nova perspectiva. O resultado foi que ela deu os passos necessários para se libertar da prisão que criara em sua própria mente.

Estamos aqui na Terra para aprender muitas lições, mas a mais importante é a de nos amarmos e nos aceitarmos como somos. Existe sempre uma luta interna para correspondermos às expectativas alheias. Quando julgamos a nós mesmos ou aos outros, não vemos a verdade, porque a crítica é produto do medo. Quando nos vemos como vítimas, perpetuamos e projetamos o medo, porque a tendência de uma vítima é sentir medo. Quando vemos pelos olhos do medo, imediatamente ficamos sujeitos ao erro e à limitação: "Não sou bastante bom. Não nasci para ter sucesso na vida." Essas são mentiras que atentam contra a nossa natureza divina.

As vítimas fazem escolhas a partir de uma visão distorcida. Elas atraem para si experiências negativas e acabam presas no infindável círculo vicioso dessa mentalidade autodestrutiva. Em geral, as vítimas agem como vítimas em todos os aspectos de suas vidas. Se elas acham que não têm capacidade, como poderão mudar as coisas?

Muitos de vocês conhecem pessoas com atitudes autodestrutivas e depressivas. Não são pessoas muito populares, pois sua atitude negativa afasta quem as cerca. Ao mesmo tempo, elas tendem a atrair outras vítimas para a vida delas, isto é, pessoas com a mesma mentalidade. Como pode alguém ter sucesso quando vive cercado de energia negativa? Com uma visão tão lúgubre da vida, essas vítimas sempre se sentem azaradas.

Eu, honestamente, acredito que muitos problemas de convívio social têm como origem essa mentalidade de vítima. De muitas maneiras, a depressão, a raiva, a insegurança, a falta de confiança e a violência são provenientes desse modo de pensar. Sim, é verdade que muitas pessoas vivem em condições precárias. Mas, apesar das circunstâncias, se elas não reagirem e procurarem tomar posse do seu verdadeiro eu e de seus recursos, continuarão a viver nessas condições adversas. Como muitas pessoas estão presas àquilo que lhes é familiar, elas relutam em sair do casulo e se arriscar. Infelizmente, quando as pessoas continuamente se recusam a se responsabilizar por suas escolhas, elas passam a ter uma mentalidade de "eles contra mim". *Eles* estão *me* impedindo de conseguir um emprego melhor, um salário melhor, uma casa melhor, etc. E se perpetuam no papel de vítimas.

Frequentemente me perguntam: "Se um ente querido morre, ele passa a ter uma total percepção e um total conhecimento do Universo?" Minha resposta é: "Não, de fato, não. Os espíritos, na verdade, têm uma perspectiva mais ampla sobre a vida e a morte. Mas, se estiverem presos a determinadas mentalidades na Terra, especialmente à de consciência de vítima, eles não se livrarão disso com muita facilidade, mesmo após entrarem na luz. Infelizmente os sentimentos negativos ligados a essas mentalidades ainda estarão intactos."

## A CULPA É TODA DELES

Gostaria de compartilhar com você uma mensagem transmitida durante um evento em Detroit, Michigan. Espero que aprecie o imenso valor de ter uma mente aberta.

Durante essa reunião, comentei com um dos meus assistentes que a energia da sala estava maravilhosa. As pessoas pareciam muito receptivas e dispostas a questionar suas percepções e seus sentimentos. Eu tinha encerrado três comunicações comoventes e a plateia estava ansiosa pelo que viria em seguida. Por isso, dizer que fiquei chocado e surpreso com a mensagem do espírito que veio a seguir é pouco.

Desde o início eu tinha notado um espírito feminino, usando um vestido branco e cinza coberto por um avental, perto de uma jovem na plateia. Aquele espírito ficou perambulando por ali com os pés cobertos por meias brancas. Segurava uma Bíblia ou um livro de orações, e sua cabeça permanecia abaixada, como se estivesse lendo. De tempos em tempos, ela me olhava. Após virar uma página do livro, finalmente me mandou a seguinte mensagem telepática: *Quem é você? Quero falar com a minha neta.*

Mentalmente perguntei qual era o nome dela.

*Sophie*, ela respondeu.

– Alguém aqui tem uma avó chamada Sophie? Ela está dizendo que morava num lugar cujo nome parece ser Otter ou Otterville.

Imediatamente a jovem se levantou.

– É minha avó. Ela se chamava Sophie e morava em Otterville, Ohio! Ela está aqui?

– Está, sim.

Sophie pareceu surpresa por sua neta ter se levantado tão depressa. A seguir, ela gritou para mim: *Você é o diabo! Você vai para o inferno!*

– A sua avó acha que o que estou fazendo é errado. Ela era uma mulher muito religiosa?

– Era, sim. Era uma batista fanática e achava que qualquer pessoa que não tivesse as mesmas crenças religiosas que ela arderia no inferno.

Ao ouvir este comentário Sophie apontou para o seu livro de orações.

– Existe inferno? Será que ela pode me dizer? – perguntou a jovem.

– Ela está dizendo que não tem como saber, porque aceitou Jesus como seu salvador.

– Ela já viu Jesus?

– Não. Mas está me dizendo que um dos seguidores dele está cuidando dela. Que ali é o paraíso dele. Aqueles que não conhecem Jesus vão para outro lugar.

A neta pareceu um pouco constrangida pela atitude da avó.

– Qual é o seu nome, por favor? – perguntei à jovem.

– Celeste.

Nesse momento Sophie me interrompeu. *Estou aqui porque estou feliz por estar livre de tudo isso aí. Quero que a minha neta saiba disso. Eu estava doente e cansada de ser usada.*

– A sua avó está dizendo que o seu pai era um homem bom, mas que ele deveria ter cuidado melhor da família. Que era um pouco preguiçoso, que deveria ter provido mais, especialmente por causa de suas origens. – Eu me virei para Celeste: – Isso faz algum sentido para você?

– Sim. Vovó não gostava do meu pai por ele ser judeu. Ela foi contra o casamento dele com minha mãe, e elas nunca se deram bem por isso.

A seguir, Sophie gritou na minha cabeça: *Ele era um judeu e essas pessoas devem ficar com aqueles de sua própria raça. Foi por causa deles que tudo mudou.*

Cobri os ouvidos quando o espírito ficou mais zangado e barulhento. A seguir, repeti o que ela tinha dito para Celeste.

– Sophie está muito zangada. Está dizendo que eles chegaram à cidade e tomaram tudo. Bancos, armazéns, tudo. Eles tiraram a casa do pai dela durante a Depressão.

Eu podia ouvir a plateia murmurando, mas precisava acompanhar a mensagem do espírito.

– Sua avó tem muito preconceito no coração. Ela sempre culpava os outros pelas circunstâncias da vida dela?

– Ela sempre culpava alguém pelas coisas, especialmente os judeus. Minha avó não era feliz. Para dizer a verdade, ficamos aliviados quando ela finalmente morreu. Sinto muito dizer isso, mas foi um alívio.

Era óbvio que Sophie ainda tinha muito a aprender. Enviei-lhe um pensamento de compaixão e amor.

– A senhora está feliz, vovó? – Celeste perguntou.

– Sua avó disse: *Acho que estou.* Ela está dizendo que nunca soube quanto a deixava constrangida, que sente muito.

Celeste sorriu. Repeti os comentários de Sophie para a plateia. *É muito bonito aqui. Este lugar me faz sentir bem. Sabe, é a primeira vez na vida que sou tão bem tratada, ou, pelo menos, é isso que sinto. O céu não se parece com aquilo que eu esperava. Há um senhor alto e gentil que me ajuda.*

– Quem é ele? – Celeste quis saber.

– Sua avó disse que não sabe, mas que ele a acompanha desde que ela chegou. As palavras dela são: *Nunca conheci alguém tão delicado. Ele deve ser um anjo enviado por Jesus.* Ela está dizendo que esse anjo lhe mostra coisas que não compreenderia sozinha. Que foi por isso que ela ousou vir aqui hoje. Caso contrário, teria achado que isso era coisa do diabo. Ela está me dizendo que o anjo achou que seria bom ela sentir o amor nesta sala. Ela também queria lhe dizer que você não precisa temer a morte. Ela disse que desde que começou a falar comigo a sala ficou mais bonita. Que há um brilho que a envolve.

– Quem é esse anjo? – Celeste tornou a perguntar.

– Ela acha que é um tipo de ajudante que auxilia as pessoas a se adaptarem à vida lá. Sua avó está dizendo que agora precisa ir, porque outras pessoas precisam vir até aqui. Ela quer que você se cuide. Sente muito orgulho de você.

Celeste sorriu. Eu vi Sophie se virar e caminhar em direção a um senhor alto. Pela energia que ele irradiava, eu podia ver que aquele anjo era um ser evoluído e um dos seus guias. Pude vê-lo sorrir para ela, como se estivesse dizendo "Muito bem". Quando se viraram para partir, vi na cabeça dele um solidéu. Que ironia, pensei comigo mesmo. O guia de Sophie parece um rabino.

Sophie foi uma verdadeira vítima da vida. Para ela, era mais fácil culpar um determinado grupo de pessoas por sua infelicidade do que mudar algo de que não gostava na sua vida. Ao escolher esse caminho, ela caiu numa armadilha. Culpar os outros se tornou automaticamente um mau hábito.

Até assumirmos a responsabilidade por nossos pensamentos, ficaremos presos a essa mentalidade do jogo da culpa. A vida nem sempre é agradável; na realidade, ela pode ser muito dolorosa. Às vezes precisamos escolher entre alguma coisa ruim e outra ainda pior. Essas escolhas, no entanto, nos fazem aprender, e por isso evoluímos. Qualquer que seja o resultado, foi você que o provocou. *Você* – e *apenas você* – é o autor do seu destino. Quando assume a responsabilidade por todas as escolhas que faz e por todos os passos que dá nesse caminho da vida, você se sente mais confiante e corajoso. As pessoas que assumem a responsabilidade atraem outros seres humanos responsáveis para a vida delas.

Por fim, são os seus pensamentos que colorem a atmosfera que o cerca. Ninguém pode *fazê-lo* sentir alguma coisa. Você precisa reagir contra pensamentos depressivos, mesmo que não seja fácil. Precisa assumir a responsabilidade por suas ações e pensar sempre em que medida os seus atos e pensamentos afetam a vida dos outros.

## EU ME CULPO

A próxima comunicação mostra exatamente o que quero dizer sobre assumir a responsabilidade por nossos pensamentos e comportamentos e encontrar a paz dentro de nós até mesmo quando nos damos conta de que tomamos uma decisão errada. Ela mostra também o preço final que pagamos por não sermos fiéis a nós mesmos.

Eu estava em Nova York, no meu encontro anual, e tinha passado cerca de 20 minutos servindo de juiz entre os dois irmãos Salerno. Louis, que já havia falecido, culpava seu irmão de 50 anos, Anthony, que estava na plateia, de ter prejudicado os negócios do restaurante deles.

– Louis disse: *Tony, você sempre foi irresponsável. Você pedia dinheiro emprestado e prometia pagar de volta. Você fez o negócio falir. Eu por acaso vi um centavo alguma vez?*

– Você está me gozando? – Anthony retrucou. – Você sempre pegava dinheiro para gastar com garotas.

Naquele momento, notei o espírito de um homem jovem. Ele parecia ter cerca de 20 anos e estava perto de Anthony. Ele me enviou seus pensamentos.

– Você sabe alguma coisa sobre uma *missão de interceptação*? Está aqui um jovem de cabelos castanhos dizendo isso. Você sabe do que se trata?

– Não, não sei do que você está falando.

Pedi ao espírito que me fornecesse mais informações. De repente, dois outros jovens vieram para a frente e se posicionaram do lado esquerdo de Anthony. Uniram seus pensamentos e os enviaram a mim. *O Esquadrão Eagle. Nós somos do Esquadrão Eagle.*

– Você conhece o Esquadrão Eagle? – perguntei a Anthony.

– Não, nunca ouvi falar dele.

Muitas vezes, quando sirvo de elo entre o mundo espiritual e o mundo físico, estou trabalhando com uma pessoa e outro espírito chega e se mete no meio. Levo algum tempo para perceber que aquele novo espírito não tem nada a ver com a pessoa com quem estou falando. Esse parecia ser o caso com Anthony.

– Sinto muito, Anthony, mas a energia do seu irmão se esvaneceu, e neste momento vejo vários jovens se aproximando de mim e me dizendo que eles lutaram juntos com alguém desta plateia.

Vi que várias pessoas ficaram bastante surpresas com a minha rápida mudança de imagens.

– Há alguém na sala que entenda isso?

Um jovem que estava sentado no fim da fileira de Anthony esfregou as mãos e murmurou:

– Talvez.

A mulher que estava ao seu lado prontamente agarrou a mão dele e sussurrou alguma coisa em seu ouvido. A seguir, vi um espírito feminino em pé, postado atrás da mulher. Tinha cabelos ruivos e estava com o rosto totalmente maquiado, como se estivesse pronta para ir a uma festa. Percebi imediatamente que aquele espírito era a falecida mãe da mulher e avó do jovem.

– Há uma mulher em pé atrás da senhora. Ela está toda maquiada e usando um vestido amarelo.

– Parece ser a minha mãe. Ela não ia a lugar nenhum sem maquiagem.

O espírito queria mandar uma mensagem para o neto.

– Ela está dizendo o nome *Jason*. Este nome está relacionado a alguém?

– Sim – disse o jovem. – Eu me chamo Jason.

– Sua avó quer que você saiba que ela está aqui para lhe trazer amor e coragem, e que sempre estará ao seu lado.

– Obrigado – ele respondeu.

A seguir, o espírito feminino disse: *Fale a ele sobre a fotografia.*

– Ela quer que eu lhe diga que ela sabe que você guarda uma fotografia dela na carteira.

Jason ficou surpreso com a mensagem.

– É... é verdade. Eu a tenho sempre comigo. – Os olhos dele se encheram de lágrimas.

– Você serviu com os Fuzileiros Navais? Ela está me mostrando uma imagem de um tanque, e você vestindo um uniforme. Estou vendo a fotografia dela com você.

Essa informação pareceu deixá-lo um pouco desconfortável. A mãe passou a mão pelos cabelos do filho, dizendo que estava tudo bem.

Após alguns segundos, Jason olhou para mim e disse:

– Sim. Eu servi no Corpo de Fuzileiros Navais. Era operador de canhão.

– Sua avó estava com você – falei. – Ela disse que você costumava colocar a fotografia dela em cima da janela do tanque.

– Sim, eu a prendia com chiclete.

Enquanto ele falava, os três espíritos apareceram junto à avó dele. Todos tinham no rosto uma expressão de compaixão.

De repente, a avó de Jason implorou: *Por favor, por favor, diga a meu neto que ele está perdoado. Ele precisa se perdoar. Ninguém está zangado com ele. No meu mundo, tudo está bem. Não julgamos como vocês julgam, no mundo de vocês. Eu lhe imploro para dizer a ele que não faça isso consigo mesmo. Foi um acidente, ele não teve culpa.*

Enquanto eu transmitia a mensagem, Jason chorava baixinho com as mãos sobre os olhos, fazendo uns barulhos estranhos, ininteligíveis.

Um dos espíritos masculinos falou comigo, e eu transmiti.

– Você conhece algum Keith? Ou Johnny Q? Ou Benson? Estou recebendo esses nomes.

Jason rapidamente levantou a cabeça.

– Conheço, sim! Eles eram pilotos do Esquadrão Eagle numa missão de reconhecimento. – De repente, ele se levantou e gritou: – Não foi minha culpa! Eu disse ao Clark para não atacar. Ninguém tinha certeza. Não foi minha culpa. Deixe-me em paz!

Perturbado, o jovem saiu correndo da sala, seguido por sua mãe. Os três espíritos masculinos e a avó se afastaram.

Fiquei perplexo. Fez-se um profundo silêncio na plateia.

Sentindo-me exaurido, sentei, olhei para a plateia e disse:

– Acho que está na hora de encerrarmos.

Fiz uma oração curta, mencionando Jason, para ter certeza de que todos ali o manteriam em seus pensamentos.

Na maioria dos eventos, após o encerramento, eu geralmente permaneço no local para autografar livros e tirar fotografias com os participantes. Embora estivesse exausto, fiquei mesmo assim. Várias pessoas desfilaram na minha frente. Ao esticar o braço para pegar o próximo livro, vi que o homem diante de mim era Anthony Salerno.

Com seu sotaque característico, ele perguntou:

– Então foi isso? Meu irmão simplesmente foi embora?

– Sinto muito, Anthony, mas eu já encerrei esta noite. Sinto muito.

– Não tem problema – ele disse. Enfiou a mão no bolso, pegou um cartão de visita e o entregou a mim. Pude ver que ele era presidente da sua empresa de artigos de papelaria.

– Se Louis aparecer de novo, você poderia me telefonar?

– Bem, não creio que ele vá fazer isso, Anthony. Você tem mais chance de vê-lo do que eu. Afinal de contas, ele é seu irmão.

– O.k. Você acha que vai descobrir o que aconteceu com aquele rapaz que saiu correndo? Eu servi nos Fuzileiros Navais há muito tempo e sei o que caras como ele enfrentam. Se você tiver notícias, e ele estiver precisando de qualquer coisa, me telefone.

– Obrigado, Anthony. Isso é muito gentil da sua parte.

Alguns meses depois recebi uma carta:

*Prezado James,*

*Meu filho Jason e eu estivemos no evento de setembro em Nova York. Você talvez se lembre de nós porque meu filho saiu correndo da sala, muito perturbado. Desde aquela ocasião, ele só fez piorar. Sonhava com os três pilotos mortos que você mencionou na sessão. Infelizmente, ele começou a tomar remédios para dor e antidepressivos. Um dia, ao chegar em casa, eu o encontrei morto na cama. Junto dele havia um bilhete de despedida. Fiz uma cópia para você. Pelo bilhete fiquei sabendo que ele tinha participado de uma missão em que, acidentalmente, três soldados morreram em consequência de fogo amigo. Ele ficou muito perturbado e não conseguia se perdoar. Eu me culpei muitas vezes por tê-lo levado ao seu evento, mas foi uma tentativa de ajudá-lo, porque ele estava deprimido há muito tempo. James, sei que você não teve qualquer culpa por aquilo que o meu filho fez, mas eu queria que você soubesse o que tinha acontecido a ele.*

*Atenciosamente,*
*Sherry Troy*

Chocado e perturbado, peguei a cópia do bilhete de despedida. Nele estava escrito:

*Mamãe,*

*Não consigo mais viver sabendo que matei meus irmãos. Por não ser suficientemente forte para assumir a responsabilidade, atribuí a culpa pela morte deles a outra pessoa. Sinto muito não ter podido ser tudo aquilo que eu deveria ser. Eu amo você.*

*Jason*

Permaneci sentado ali por um bom tempo, sentindo-me desolado. Então, lembrei-me do cartão que Anthony me deu. Localizei-o e telefonei para ele, explicando o que tinha acontecido.

Cerca de um ano depois encontrei Anthony em outro evento.

– Olá, James, você se lembra do meu irmão Louis e do fuzileiro sobre o qual você me telefonou?

– Claro que sim, Anthony.

– Bem, meu irmão estava com a razão. Eu peguei de fato o dinheiro, mas o guardei para uma necessidade. Quando você me telefonou para contar da morte do rapaz, senti vontade de fazer alguma coisa. Pobre homem, ele estava tão confuso! Imagino quantos soldados devem estar assim. Por isso, peguei aquele dinheiro e abri uma organização para veteranos com síndrome do estresse pós-traumático.

Fiquei totalmente perplexo.

– Estou muito orgulhoso de você, Anthony. Que coisa boa!

– Eu sabia que você ia dizer isso. Aposto que essa minha atitude deixou Louis muito feliz.

– Não tenho a menor dúvida.

Jason tinha ficado neurótico por causa de um sentimento de culpa que o fez cair num lugar muito escuro. Todos nós poderíamos aprender a seguinte lição com ele: *Você* – e *apenas você* – pode tocar sua vida para a frente. Você não precisa se sentir uma vítima das circunstâncias. Apesar de não ter qualquer controle sobre os acontecimentos da guerra, a culpa abriu uma enorme ferida na alma de Jason.

Por isso, eu incentivo você a parar de se culpar, ou de culpar as pessoas que o criaram, seus professores, seu chefe ou determinadas circunstâncias por seus problemas. Isso não resolve nada! Você é um adulto que pode escolher ficar amarrado aos traumas deixados por experiências antigas ou seguir em frente. Cuide de si mesmo, não se deixe paralisar pela culpa nem se fixe na posição de vítima!

Muitos sentem grande dificuldade em perdoar a si mesmos por erros passados. Se Jason tivesse compreendido que ele fazia parte de um quadro muito maior, e que a morte de seus colegas foi necessária e natural para o desenvolvimento de suas almas, ele talvez ainda estivesse vivo. Ele precisava se perdoar, mas essa deve ter sido uma lição difícil demais para ele. A alma lhe trará essa lição outra vez numa próxima vida.

# CINCO

# PERDOAR E ESQUECER

Além do amor, o perdão é a ferramenta espiritual mais poderosa que possuímos. Podemos de fato mudar nosso destino, o mundo e nós mesmos quando escolhemos perdoar. Se a mágoa que sentimos não for tratada, pode se transformar em ressentimento. Observei, inúmeras vezes, ressentimentos não tratados crescerem como ervas daninhas e arruinarem uma pessoa. Já vi grandes amizades se transformarem em fontes de amargura e ódio porque nenhum dos lados foi capaz de perdoar.

Portanto, o que é o perdão? É um presente que nos damos. É a escolha consciente de não sermos tomados pelo rancor ou por pensamentos de vingança contra outra pessoa. Nós deliberadamente nos desligamos de pensamentos e sentimentos que nos remetem à ofensa. Ao optarmos pelo perdão, não minimizamos a responsabilidade do ofensor nem justificamos seu erro, mas nos libertamos dos nossos próprios pensamentos negativos. E este é um bem que fazemos a nós mesmos.

As pessoas que tendem a nos magoar são as mais próximas – parceiros, amigos, membros da família e colegas de trabalho. Nós as adoramos, confiamos muito nelas e achamos que jamais nos magoarão. De certa maneira, nos expomos à mágoa, porque esperamos que elas ajam de uma determinada maneira e nos aborrecemos quando não correspondem à nossa expectativa. Por isso, quando as coisas não saem conforme planejamos, nos sentimos magoados, traídos, rejeitados ou insultados, e achamos muito difícil perdoar.

Muitos acreditam que, se perdoarmos alguém que nos enganou ou magoou, teremos, de alguma forma, cedido e sido derrotados. Pensamos que o agressor achará que pode nos magoar de novo. Ao não perdoarmos, nos sentimos superiores ao ofensor. Queremos ensinar-lhe uma lição. Mas, na realidade, o ato de nos agarrarmos a ressentimentos alimenta nossas falsas expectativas. Esperamos que nossa recusa faça a pessoa se arrepender e não repetir o que fez. Porém, isso raramente funciona. Se quisermos que um relacionamento ou uma situação mude, precisamos estar dispostos a dizer clara e serenamente o que queremos. Se a pessoa não quiser mudar, só nos resta aceitar a decisão dela e seguir em frente.

Outro motivo para não perdoarmos é porque nosso ego se sente instintivamente melhor quando estamos zangados com alguém, porque a raiva nos dá a sensação de estarmos no comando da situação.

Os três principais centros emocionais do corpo são o baixo-ventre, o plexo solar e o coração. Quando não perdoamos, nossos rancores se alojam em um ou mais de um desses centros de energia. Quando trabalho com a clarividência das pessoas, vejo nitidamente o centro de energia delas, e percebo se essa energia está fluindo por seus corpos como deveria. É como observar a água fluindo. Posso me sintonizar com o fluxo de energia de uma pessoa e ver qualquer obstáculo que o esteja obstruindo. É impossível dizer quantas vezes vi manchas marrons no abdome ou nódoas cinzentas em volta do coração. Se esses bloqueios emocionais permanecerem indefinidamente, a possibilidade de se manifestarem como doenças físicas é bastante grande.

Portanto, se o perdão pode ter um efeito tão extraordinário no corpo e na mente, por que temos tanta dificuldade em perdoar a nós mesmos e aos outros? Quando morremos, carregamos conosco o efeito opressivo da falta de perdão e temos de conviver com ele do outro lado, onde poderemos ficar mentalmente obcecados por não termos resolvido aquela situação enquanto estávamos na Terra. Ao mesmo tempo, a pessoa que permanece na Terra pode sentir esse pesar constante por não ter sido perdoada.

## AS GÊMEAS

Na vida, nunca descobrimos por que estamos em certas famílias ou nas diferentes situações que vivenciamos. Mas quando começamos a olhar a vida a partir de uma perspectiva espiritual, constatamos que fomos colocados junto a pessoas e circunstâncias escolhidas antes do nosso nascimento para crescermos e nos aperfeiçoarmos. A próxima comunicação descreve como duas almas de uma vida passada decidiram voltar para ensinar, uma à outra, o surpreendente poder do perdão.

– Posso me aproximar da senhora? – perguntei enquanto apontava para uma mulher loura que parecia ter entre 50 e 60 anos.

A reação dela foi a mesma de muitos participantes das minhas sessões. A mulher olhou para ambos os lados e em seguida para mim, apontando para si mesma.

– Você quer dizer eu? – ela perguntou, com um tom de incredulidade.

– Sim, a senhora! – respondi. – Há duas mulheres em pé atrás da senhora. A mais velha é magra e está fumando um cigarro. Ela está lhe agradecendo por levar cigarros para ela. A senhora entende isso?

– Ah, meu Deus! É minha tia. Eu costumava levar cigarros escondidos quando ela estava no hospital. Tia Rita sofria de enfisema.

– Bem, isso não era muito inteligente! – eu disse, brincando.

– Ela ia morrer mesmo. Eu queria fazer tudo que a deixasse feliz.

– Ela é uma figura! – continuei. – Está me dizendo que ajudou a criá-la, que a senhora era como uma filha para ela. Qual é o seu nome, por favor?

– É Becky – respondeu a mulher.

Naquele momento, achei que meus olhos estavam me pregando uma peça. Em pé, diretamente atrás de Becky e junto à tia Rita, a outra mulher parecia uma versão idêntica mais jovem de Becky. Através da energia daquele espírito pude imediatamente ver que ela havia morrido de câncer. Tia Rita parecia estar incentivando um tipo de encontro entre aquelas duas mulheres.

– A senhora teve uma irmã gêmea que morreu de câncer?

Naquele instante a atitude dela mudou. Parecia ter-se fechado, como se tivesse se enfiado num buraco.

– Sim. Tive uma irmã gêmea, Pam, que morreu de câncer de mama há cerca de cinco anos.

Pude ver a energia do espírito brilhar quando Becky confirmou o parentesco. A seguir, a gêmea de Becky começou a me enviar pensamentos e sentimentos para que eu os transmitisse à sua irmã.

– Pam está me enviando mensagens de arrependimento. Ela lastima muito o que aconteceu entre vocês duas. Está lhe pedindo perdão.

– Deixe isso para lá! – Becky disse com um gesto brusco.

Percebi que não seria fácil para ela escutar o apelo de Pam.

– Ela está dizendo que deveria ter sido mais sábia. Que deveria ter telefonado para a senhora. Que deveria tê-la ajudado financeiramente. Que tantos anos foram desperdiçados...

Os olhos de Becky se encheram de lágrimas.

– Agora é tarde demais. Para mim, minha irmã morreu há dez anos. Ela me deixou sem nada. Roubou as coisas da minha mãe. Ela era uma vigarista!

Eu podia ver que a mágoa que Becky guardava parecia ser a ponta de um iceberg – havia algo muito profundo entre aquelas duas mulheres. Mas, antes de tudo, ela precisava resolver o problema atual.

– Ela de fato precisa que a senhora a perdoe. Não apenas para benefício dela, mas também para o seu. Essa raiva que a senhora sente está começando a afetá-la. – Eu podia ver uma obstrução cinza-escuro acima do estômago de Becky. – A senhora vem tendo problemas de digestão nos últimos meses?

Becky assentiu.

O espírito de Pam me enviou uma mistura opressiva de pensamentos e impressões celestiais sobre o que ela vinha vivenciando desde que voltara para o mundo espiritual. Tentei descrever aquelas impressões com a mesma rapidez com que ela as enviava.

– A morte de Pam pareceu uma coisa muito natural e muito real para ela. Sob alguns aspectos, as coisas são muito mais fáceis do outro lado, e em outros, não. Ela precisava se ver de verdade, como fazem todas as pessoas quando entram naquele mundo. Vocês duas se parecem fisicamente, mas são muito diferentes.

– Sim, é verdade.

– Sua irmã está me dizendo que como vocês se amavam muito e tinham tido uma forte conexão de almas em vidas anteriores, as duas escolheram voltar desta vez para resolver suas obrigações cármicas e compartilhar suas lições de almas. Cada uma veio para compreender a natureza da personalidade da outra e aprender quais eram seus desejos e necessidades. Em muitos aspectos, vocês eram opostas. No entanto, assim como as duas metades de um todo, vocês precisam uma da outra para se completarem.

Naquele momento, um pensamento novo entrou na minha mente.

– A senhora já esteve na África do Sul?

– É tão esquisito você dizer isto. Desde que minha irmã e eu começamos a aprender geografia, o que mais desejávamos era visitar a África do Sul. Costumávamos implorar a nosso pai o tempo todo. Isso é tão esquisito...

– Sua irmã quer que a senhora saiba que, numa outra vida, vocês pertenciam a uma família que tinha uma mina de diamantes em Johannesburgo. Vocês eram bastante ricas.

A seguir, Pam me enviou a imagem de um diamante.

– Houve algum problema, nesta vida, relacionado a um diamante ou a diamantes que ela não compartilhou com a senhora?

Pela expressão de Becky e da mulher sentada ao seu lado, achei que ambas iam desmaiar.

– Ah... meu Deus, sim. Isso é incrível. Entre outras coisas, ela roubou o bracelete de diamantes da minha mãe.

– Ela está extremamente arrependida e quer que a senhora a perdoe. Ela está dizendo: *Essas são apenas coisas materiais.* Ela quer que a senhora compreenda o motivo por trás disso, e a história que vocês compartilharam numa vida anterior.

– O que você quer dizer?

– Naquela vida em Johannesburgo, a senhora era o pai, e ela, uma das suas muitas filhas. Entre todas, era a sua favorita. A senhora, no papel de pai, a levava para as minas quando ia buscar os diamantes. No final de cada dia, colocava um pequeno diamante numa bolsinha para guardar para a filha querida. A senhora prometia que, quando ela crescesse, faria para ela uma pulseira digna de uma rainha. Mas, em vez disso, uma manhã, quando ela acordou, o pai, os diamantes e todos os bens da família tinham desaparecido. Ela passou o resto da vida à procura do pai, a senhora, sem o encontrar. Morreu pobre e solitária. Quando voltaram como gêmeas, vocês duas fizeram um pacto de nunca mais se deixarem.

Aquele relato emocionou profundamente Becky. Após um longo suspiro, ela admitiu:

– Passei a vida toda querendo estar com a Pam. Nós éramos tão unidas... No entanto, um dia ela foi embora e eu fiquei com muita raiva. Além disso, descobri que ela havia roubado o bracelete de diamantes da minha mãe.

Pedi a Becky que olhasse a situação a partir de uma perspectiva espiritual mais elevada.

– Vocês duas deveriam ter aprendido sobre partilha e perdão, mas repetiram o que aconteceu na vida na África do Sul. Agora terão que repetir a lição outra vez.

Becky ficou muito surpresa com a minha explicação.

– Estou me sentindo tão mal... Sinto muito, Pam. Você me perdoa?

– Ela já perdoou a senhora – afirmei. – Ela a ama muito. Está lhe pedindo que telefone para o filho dela, Michael.

– É mesmo? Será que ele vai falar comigo?

– Ela está dizendo que sim. Ela visitou Michael nos sonhos dele e disse-lhe que procurasse a senhora. Ela quer que a senhora fique com os sapatos vermelhos dela. Eles ainda estão no armário. Dentro desses sapatos a senhora encontrará o bracelete.

Eu e todas as pessoas da plateia ficamos surpresos com essa comunicação. Fiquei mais uma vez impressionado com a quantidade de amor que transcende a morte e a vida. Becky me olhou com os olhos cheios de lágrimas, como se tivesse acabado de descobrir uma nova vida. E tinha.

Muitas vezes, no meu trabalho, um espírito chega para pedir a um ente querido da plateia que perdoe aqueles que o magoaram. Isso acontece por uma razão muito especial. Os anos de ressentimento de Becky provocaram danos em sua saúde emocional, mental e física. Seu sistema digestivo estava um caos, e ela estava emocionalmente estressada e exaurida. Quando nos deixamos dominar por esses sentimentos negativos, eles mostram suas garras de maneiras prejudiciais e até ameaçadoras à vida. O perdão limpa as qualidades negativas associadas a uma determinada situação ou pessoa e permite que o amor entre e ocupe o espaço. O amor é a força curativa mais importante do planeta. Como você verá no próximo caso, o perdão e o amor andam sempre juntos.

# O MELHOR PRESENTE

Logo após ter me mudado para Los Angeles, trabalhei como funcionário itinerante no Hospital Midway. Como nunca tinha sentido vontade de trabalhar em um hospital, eu me perguntava por que aceitara tal emprego em caráter permanente. Ao olhar para trás vejo que o emprego no hospital me proporcionou provavelmente uma das lições mais importantes da minha vida lá. É o que revela o relato a seguir.

As minhas quartas-feiras no hospital eram geralmente dedicadas a tarefas administrativas e à organização dos arquivos. Embora fosse um pouco monótono, eu apreciava aquelas tardes por causa de um determinado voluntário que chegava às duas horas. Os voluntários no Hospital Midway eram fantásticos. Aquele grupo específico de joviais cidadãos da terceira idade cuidava do balcão de recepção, das visitas e da loja de presentes, ajudava na secretaria e realizava qualquer tipo de tarefa necessária para cooperar com a equipe do hospital. Como o prédio ficava localizado numa área da cidade habitada predominantemente por judeus, a maioria dos voluntários era de judeus. Durante meu período no hospital fiquei amigo de muitos voluntários, especialmente de um chamado Art. Ele vinha às quartas-feiras à tarde e me ajudava a colar etiquetas em capas de pastas durante horas. Sempre tínhamos animadas discussões sobre a vida e trabalhamos juntos durante meses.

Então, numa tarde de novembro, Art não apareceu na hora de costume. Como também não veio na quarta-feira seguinte, perguntei ao meu supervisor se tinha notícias dele.

– Você não soube? Art foi internado como paciente. Está no terceiro andar.

No intervalo, fui procurar por ele. Caminhei pelo corredor até encontrá-lo no quarto 307. Estava sentado numa cadeira de rodas, e quando entrei me recebeu com seu "Olá, Jimmy, meu rapaz!" de sempre.

– O que foi que houve, Art? – perguntei, um pouco perplexo.

– Estou com o grande C – ele respondeu. A seguir, teve um acesso de tosse. Quando recuperou o fôlego, virou-se para mim e balbuciou com voz fraca:

– Jimmy, você pode me fazer um favor?

– Claro, Art. O que você quiser.

Eu sentia uma grande identificação com ele. No ano anterior, ele me contara que não tinha nenhum membro da família morando perto. A maioria dos seus familiares já tinha morrido ou morava na Europa. Eu me sentia como um neto substituto para ele.

– Jimmy, você conhece o Ben Silver, que trabalha na loja de presentes?

– Claro.

– Será que você poderia trazê-lo até aqui para me ver?

Respondi que sim. Na semana seguinte fui até a loja de presentes procurar o Ben. Entrei e disse:

– O Art quer ver você. Você se importa de ir até o quarto dele comigo?

– Mas eu não o conheço. Por que ele quer me ver?

Eu não sabia, por isso dei de ombros, dizendo:

– Acho que ele de fato acha isso importante.

Eu não tinha visto o Art por alguns dias e me surpreendi com a aparência dele. Estava magro e emaciado – mal o reconheci. O quarto cheirava a morte, e o barulho dos monitores, juntamente com o do aparelho ligado sobre sua boca, tornava a cena mais perturbadora. Logo percebi que Ben estava se sentindo muito desconfortável.

Nós nos encaminhamos para a cama de Art. Ele parecia estar dormindo, por isso me inclinei e o chamei. Ele abriu os olhos e olhou para os lados antes de focalizar o meu rosto. Pareceu não me reconhecer.

– Olá, Art. Sou eu, Jimmy. Lembra-se de mim?

Ele olhou como se nunca tivesse me visto antes. De repente, um olhar de reconhecimento passou pelo rosto dele.

– Jimmy, Jimmy, você conseguiu? Você o trouxe?

– Sim, Art. Ele está bem aqui.

Ben se aproximou de Art e praticamente gritou no ouvido dele:

– Olá, Art. Sou o Ben. Prazer em conhecê-lo. Como é que você está?

Naquele momento, Art agarrou a mão de Ben e a segurou com força. A seguir, começou a chorar.

– Ben? É você?

– Sim, Art. Sou eu. Como posso ajudá-lo?

– Você é judeu, Ben?

Era uma pergunta estranha, já que quase todos os voluntários ali frequentavam a sinagoga local. Fiquei curioso em saber por que isso era tão importante para Art.

– Sim, Art – Ben respondeu. – Claro que sou. Por que você está perguntando isso?

Puxei uma cadeira para perto da cama para que Ben pudesse sentar e falar. Enquanto observava os dois homens idosos, esforcei-me para ouvir o que Art dizia a Ben.

– Preciso lhe dizer que sinto muito. Você me perdoa? Eu preciso do seu perdão. Não posso partir até receber o seu perdão – Art implorou.

– Do que é que você está falando?

– Eu preciso que você me perdoe.

– O.k., eu perdoo você. Eu perdoo você. Mas pelo quê? O que você pode ter feito para precisar do meu perdão?

Art respirou fundo com a ajuda do aparelho e a seguir disse baixinho:

– Eu sinto muito. Durante a guerra, eu vivia na Polônia.

Os olhos de Ben se iluminaram ao ouvir aquela informação.

A cabeça de Art estava curvada, e ele olhava fixamente para o lençol que cobria a cama.

– Eu era da SS. Matei muitos judeus. Nunca consegui perdoar a mim mesmo. Eu estava errado e estou profundamente arrependido. – Os olhos de Art se encheram de lágrimas.

Ben e eu ficamos chocados com a confissão de Art.

– Eu realmente preciso que você me perdoe. Por favor.

Ben largou a mão de Art e se afastou um pouco. Havia uma expressão de total incredulidade estampada em seu rosto.

– Minha mãe, meu pai, meu tio, minha tia e os meus primos foram mortos nos campos – murmurou Ben. – Há anos eu sinto o mais profundo desprezo por vocês.

Ben abaixou a cabeça e começou a chorar. Depois de alguns segundos, levantou a cabeça e agarrou a mão de Art.

– Sim, Art, meu pobre amigo. Eu perdoo você. Eu de fato perdoo você e todas as pessoas que mantiveram a mente aprisionada. Se não conseguisse perdoá-lo, eu seria um criminoso, assim como vocês foram quando mataram a minha família. Sim, você está perdoado.

Eu não podia acreditar que estava testemunhando aquela cena incrível. Meus olhos também se encheram de lágrimas.

Os dois homens permaneceram em silêncio, e a seguir Ben se levantou, afagou a mão de Art e foi embora. Eu me aproximei do meu amigo e acariciei sua testa. Tinha consciência de que ele logo partiria.

– Adeus, Art – eu disse.

– Adeus, Jimmy. Obrigado.

O ato do perdão é uma das lições mais difíceis de serem aprendidas no plano terreno, porque envolve a liberação do ego e a perda do controle. No entanto, não tenho como lhes dizer quanto é extraordinário o efeito que o perdão exerce em todas as áreas da existência, mesmo que ocorra no fim da vida, como no caso de Art. Quando perdoamos, a porta para a felicidade e para a saúde se abre, trazendo realização, alegria e compaixão. O ato do perdão libertou a alma de Art e de Ben das atrocidades que o tinham marcado por toda a vida.

## ATÉ NOS ENCONTRARMOS OUTRA VEZ

São muitas as pessoas que vêm às minhas demonstrações e contam com grande tristeza como se sentem perturbadas por não terem estado fisicamente presentes no momento em que seus entes queridos morreram. Essas pessoas não conseguem se perdoar por essa ausência e se martirizam emocional e mentalmente por isso. Repetidamente me perguntam: "Será que a minha esposa (ou marido, irmã, mãe, etc.) entende que eu pretendia estar lá? Será que ela (ou ele) me perdoa por não ter estado ao seu lado?"

A próxima história fala de tais situações. Espero sinceramente que, caso você esteja experimentando um estado mental e emocional semelhante, a próxima mensagem traga paz para o seu coração e para a sua mente e possa ajudá-lo a perdoar-se.

Fui o principal orador de um encontro do qual participo há 13 anos. Naquele evento específico, a plateia era formada por bem mais de 1.500 pessoas. No meio da parte das mensagens do programa um espírito apareceu vestindo uma camiseta verde e calças cáqui. Ele me disse que sua esposa estava na plateia e que precisava lhe enviar uma mensagem imediatamente. *A vida dela está se desintegrando e preciso interromper qualquer outro dano que ela esteja criando com os próprios pensamentos.* Compartilhei com a plateia a imagem de um hospital que ele me enviou.

– Está aqui um homem cuja esposa está sofrendo. Ele está me mostrando o Hospital São José. Isto faz algum sentido para alguém?

Olhei em volta. Uma mulher de cabelos castanhos curtos, usando óculos de armação escura e uma blusa cor-de-rosa, por fim se levantou.

– Acho que sou eu. Perdi meu marido no Hospital São José.

– Ele disse que você guarda os tacos de golfe dele na garagem.

Certa de que era a pessoa, ela rapidamente respondeu:

– Sim! Ao vê-los hoje de manhã eu me perguntei se deveria dá-los ou não.

A seguir, o espírito me encheu com uma sensação de aflição e letargia, como se eu estivesse drogado. Pude ver pequenas manchas marrons no sangue dele. Eu podia avaliar como ele tinha se sentido antes de morrer.

– Sinto que seu marido estava fortemente medicado antes de deixar o corpo dele. Isso está certo?

– Está.

– O sangue dele está cheio de manchas marrons. Essas manchas geralmente significam câncer ou alguma doença no sangue.

– O senhor está certo, ele teve câncer de próstata. – A mulher me disse que se chamava Shelly e começou a ficar muito emocionada.

– Seu marido está me dizendo que a sua vida está começando a degringolar. Isso é verdade?

– Sim. Sinto tanto a falta dele! Por favor, diga a ele.

– Você mesma pode lhe dizer isso, Shelly. Ele escuta os seus pensamentos o tempo todo.

Ela fez que sim com a cabeça.

– Você tem atraído algumas pessoas muito negativas para o seu mundo. Seu marido está me dizendo que alguém na sua vida acabou de roubar alguma coisa sua.

Shelly olhou para baixo, compreendendo o que estava sendo dito.

– Seu marido está me dizendo que você atraiu essas pessoas por não se sentir merecedora de qualquer coisa melhor. Você não está se importando com você mesma. É verdade?

– Sim, ele está certo. Fiz amizade com um senhor porque sentia pena dele. Ele não tinha para onde ir e, por isso, o deixei ficar num quarto lá em casa. Um dia, quando voltei para casa, ele tinha ido embora e levado muitos objetos meus.

O marido de Shelly acrescentou outra coisa, e eu perguntei a ela:

– Por que você está se culpando pela morte do seu marido?

– Será que ele vai me perdoar um dia?

– Ele está perguntando por quê.

– Eu não estava ao lado dele na hora da morte e acho que deve ter ficado zangado comigo. Ele sabe quanto lastimo isso? Eu me sinto péssima. Não consigo me perdoar.

Imediatamente, senti uma enorme compaixão por aquela pobre mulher. São muitos os que se sentem terrivelmente culpados por não terem estado presentes quando seus entes queridos morreram. Por causa dos muitos anos de comunicação com os espíritos, sei que a nossa morte é conduzida por Deus. Estaremos presentes na passagem de um ente querido se assim estiver determinado. Não presenciaremos a morte dele se isso for considerado melhor para a transição de sua alma. Precisamos lembrar que as decisões sobre nascimento e morte são tomadas no plano espiritual e que raramente temos consciência dessas escolhas no plano físico. Sempre digo às pessoas que entramos sozinhos neste mundo e que temos de ir embora sozinhos.

Olhei para Shelly e lhe transmiti os pensamentos de seu marido.

– Ele quer que você entenda que não há nada a ser perdoado. Que você, por favor, não se martirize por não ter estado ao seu lado. Como é um espírito, ele sente tudo com mais intensidade. Sente a sua culpa e remorso e fica péssimo, porque a ama muito. Ele quer ajudá-la a entender que essa culpa é desnecessária. Na realidade, ela o faz se sentir pior!

A seguir, expliquei para a plateia:

– Se Shelly não se perdoar em relação a isso, irá para um nível inferior e atrairá para ela elementos inferiores. – Pedi a Shelly – Por favor, acate o pedido do seu marido. Pare de se martirizar por não ter estado lá.

– Está bem. Farei isso – ela me assegurou.

Alguns anos depois, eu estava autografando numa livraria quando Shelly se aproximou de mim e me fez recordar a mensagem do marido que eu lhe transmitira.

– Não tenho como lhe agradecer por ter me colocado de volta na estrada da vida. Depois do encontro, escrevi uma carta para o meu marido e comecei o processo de perdoar a mim mesma.

Ela continuou e me disse que sentiu um imenso alívio após ter feito aquilo. Agora pode fazer escolhas melhores e atrair experiências mais positivas e amorosas para a sua vida.

– Depois daquele encontro, aluguei um quarto para uma moça. Ela se tornou uma das minhas melhores amigas. Nós até abrimos um negócio juntas.

Ela se virou para um homem muito alto que estava ao seu lado.

– James, esse é o Todd. Eu o conheci no dia a dia do meu novo negócio. Estamos saindo juntos há uns dois meses e nos casaremos no ano que vem.

– Tenho certeza de que o seu marido não poderia estar mais feliz.

A vida de Shelly melhorou, porque ela conseguiu se perdoar por uma coisa sobre a qual não teve nenhum controle.

As pessoas muitas vezes me perguntam o que devem fazer para realizar o ato do perdão. O perdão pode ser concedido de muitas maneiras. Assim como Shelly, você pode escrever um cartão ou uma carta e manifestar os seus sentimentos para a outra pessoa, esteja ela viva ou morta. Pode comprar um presente especial. Pode visualizar uma cicatrização acontecendo entre vocês dois. Muitas vezes eu medito e imagino uma bonita e curativa bola de cristal verde que vem da área do meu coração. Coloco então a pessoa ou a situação dentro dessa bola e deixo as energias cicatrizantes irem diretamente para a pessoa ou situação.

A partir do momento em que perdoamos, é possível esquecer? Muitos dizem: "Eu consigo perdoar, mas não consigo esquecer." Ao perdoar, reconhecemos que a outra pessoa, tal como nós, é humana, tem defeitos e comete erros. Talvez não possamos esquecer a situação, mas pelo menos os efeitos que ela criou no nosso relacionamento. Deixar para trás a necessidade de vingança significa esquecer. Esse é um ato de incentivo, de apoio e de fortalecimento. Ele permite que a outra pessoa reconstrua, restabeleça um vínculo e um relacionamento amoroso, fraterno e saudável com você, com os outros e com o mundo no qual presentes, talentos e habilidades são livremente apreciados e compartilhados.

Perdoar a si mesmo é um dos melhores presentes que você pode se dar. Você sabe que está curado quando se sente inteiro, livre do ressentimento e da culpa. Quando se perdoa, você volta a controlar suas reações à vida.

Fui para a cama pensando neste capítulo sobre o perdão. Um amigo com quem tivera um desentendimento me veio à mente. Enquanto adormecia, pedi forças para me perdoar e perdoar meu amigo. Quando acordei, me dei conta de que tinha voltado a ter aquele sonho com o homem misterioso. Era o sonho que eu vinha tentando analisar e entender havia algum tempo. Mal sabia eu que estava prestes a embarcar numa percepção inteiramente nova do mundo dos espíritos e de mim mesmo.

## SEIS

# O CARMA

Como você sabe, não há sensação de tempo nos sonhos. Eles nos aparecem como momentos. No meu sonho, eu ainda estava no quarto de hospital. A mesma figura de homem que eu vira pela última vez veio em minha direção. Eu agora podia enxergar o rosto dele. Eu o tinha visto antes, mas não conseguia me lembrar onde. Ele estava sorrindo para mim e havia outras pessoas em pé atrás dele. Cada uma transmitia uma sensação de alegria e felicidade, e eu mal podia esperar para me juntar a elas. Eu sentia que estava recebendo uma mensagem, mas não sabia ao certo qual era. Lá no fundo, sabia que já tinha estado com aquelas pessoas e que compartilhávamos algum tipo de carma.

E aí aconteceu! De repente, eu estava em pé do outro lado do quarto, olhando para uma cama de hospital. Havia uma mulher na cama. Ela estava falando com o homem e com o grupo de pessoas. Logo a seguir ela flutuou para fora do corpo e juntou-se ao grupo. Eu estava testemunhando uma morte bem diante de meus olhos. No meu sonho, eu me perguntava por que aquilo estava acontecendo. Eu gostaria de dizer que era algo simbólico, mas sentia que estava vendo aquela cena por algum motivo, como se alguém estivesse tentando me dizer alguma coisa. Eu não podia enxergar o rosto da mulher, mas, de alguma maneira, sentia que a conhecia e que tínhamos uma conexão cármica positiva um com o outro. Mas quem era ela? E então, com a mesma rapidez com que começara, o sonho acabou. E eu ainda tinha perguntas.

Nos últimos 30 anos, o conceito de carma conseguiu entrar na cultura. No entanto, a maioria das pessoas não o entende, porque geralmente o associa a algum tipo de castigo. O carma não é um castigo, mas um conceito originário de uma antiga crença hindu sobre as consequências de nossas ações. A ideia de carma faz parte de várias crenças religiosas, como o hinduísmo, o siquismo, o budismo, o espiritualismo e numerosas filosofias contemporâneas. Ele é também encontrado na Bíblia: "Um homem colhe aquilo que semeia" (Gálatas 6:7). Embora a explicação de carma seja ligeiramente diferente nas diversas tradições religiosas, a ideia por trás é basicamente a mesma. O carma é definido como causa e efeito de uma ação: aquilo que a alma dessa pessoa precisará vivenciar na vida atual ou nas vidas futuras.

O carma sempre esteve interligado a outro conceito antigo – o da reencarnação. Com exceção dos cristãos, a maioria das pessoas deste planeta acredita na reencarnação. A teoria da reencarnação foi retirada da doutrina cristã no Concílio de Niceia, em 325 d.C. Creio que a ideia não era bem-vista pelos antigos religiosos da Igreja Católica. Eles queriam controlar seus rebanhos no presente e não permitir que acreditassem que seus pecados pudessem ser pagos numa outra vida.

O carma é uma lei universal de causa e efeito. Para resumir, aquilo que você dá, você recebe de volta. Quando fazemos algo, sempre há uma consequência. Por exemplo, você avança um sinal vermelho e é atingido pelo carro que tinha o direito de estar ali – isso é um carma. Quando entendemos a total extensão do conceito de carma, compreendemos que somos os únicos responsáveis por tudo o que criamos com pensamentos, palavras e ações.

Minha visão pessoal do carma é uma compilação de várias disciplinas que se misturaram ao que o mundo espiritual me ensinou sobre o assunto. Quando uma alma viaja pela Terra, encarnada em um corpo, ela precisa aprender lições de todos os tipos. Algumas podem precisar aprender sobre dedicação e generosidade, e então seus Seres Superiores as colocam em situações em que precisam fazer mais e dar mais de si. Outras podem ser colocadas em posições de grande riqueza, para aprender sobre generosidade. Qual é a lição que aprendem? As ricas compartilham suas fortunas com as pobres, ou se agarram desesperadamente ao dinheiro? As que vivem precariamente conseguem superar as dificuldades e restrições para se desenvolver?

Muitas pessoas confundem carma com sorte ou destino. Saiba que são conceitos muito diferentes. A sorte ou o destino podem ser mudados, mas o carma, não. Por exemplo, um jovem está destinado a ser um cantor bem-sucedido e famoso, mas precisa resolver seu carma passado, abandonando vícios. Se escolher novamente se tornar alcoólatra na vida atual, não terá aprendido sua lição cármica, e por isso seu destino será alterado. Por outro lado, se conseguir superar o vício, aprender sua lição cármica, será capaz de concretizar seu destino. Certamente não há como *provar* que o carma existe, mas as coisas de fato acontecem como consequência das escolhas que fazemos. É por isso que temos a capacidade de mudar nosso futuro. Como já repeti muitas vezes, somos responsáveis por nossas ações e por suas consequências.

*Coincidência ou carma?*

A maioria de nós chama de coincidências determinados acontecimentos, como ganhar na loteria, pensar numa amiga e então encontrá-la no mesmo dia, ou achar o presente perfeito numa loja em que se entra por acaso. Mas não acredito que haja coincidências. Tenho certeza de que nada acontece por acaso. O carma, não o acaso, é o motivo do que ocorre.

Recentemente, durante uma estada em Nova York, aconteceram diversas situações bastante inexplicáveis. Uma delas foi no dia em que ia sair do hotel para almoçar com uma amiga e caiu um verdadeiro dilúvio. O restaurante ficava a uns 20 quarteirões de distância e o porteiro me afirmou que seria quase impossível conseguir um táxi.

Decidi tentar na Sexta Avenida e comecei a andar depressa debaixo da chuva torrencial. Enquanto caminhava, enviei uma mensagem mental para o marido da minha amiga, que já tinha morrido, pedindo-lhe, por favor, que me arranjasse um táxi. Ao chegar à esquina, levantei a mão em pleno dilúvio e um táxi parou na minha frente. Fiquei surpreso e grato ao mesmo tempo e expressei minha alegria ao motorista. Perguntei de onde ele era e emendamos numa conversa em que ele me falou dos problemas que estava enfrentando. Dei os melhores conselhos que pude, tentando confortá-lo. Procuro sempre levar um pequeno raio de sol e de apoio às pessoas que encontro durante a minha jornada.

Quando cheguei ao meu destino, agradeci e me dispus a pagar a corrida. O motorista sorriu:

– Não é nada. O senhor fez com que eu me sentisse melhor.

Eu nunca tinha ouvido tais palavras saírem da boca de um motorista de táxi e retruquei:

– Em hipótese alguma, é muito gentil da sua parte, mas este é o seu trabalho e eu faço questão de pagar.

Mas, ao enfiar a mão no bolso para pegar a carteira, descobri que a esquecera no hotel! Estava sem saber o que fazer quando, ao olhar para o chão do táxi, vi um cartão de banco com várias notas de 20 dólares enroladas nele. Olhei para o céu e pensei: "Obrigado. Depois reponho o dinheiro." A seguir, peguei uma nota de 20 dólares e paguei a corrida.

Quando voltei para o hotel, telefonei para o banco e informei sobre o cartão perdido. Não consigo imaginar que tudo aquilo foi coincidência.

No dia seguinte precisei comprar uma bateria nova para meu laptop. O recepcionista do hotel me indicou uma loja na esquina da Madison com a Sessenta e Um.

No caminho, me deu um branco e fiquei sem saber se estava indo na direção certa. Pedi aos meus guias que me enviassem um sinal confirmando meu rumo. Olhei para cima e vi que estava em frente ao prédio da HarperCollins, a maravilhosa editora norte-americana deste livro. Interpretei como um sinal, e de fato a direção era aquela. Foi uma coincidência ou um sinal do mundo espiritual?

Uma das primeiras médiuns que conheci, Dolores North, me disse uma coisa que repito para os meus alunos: "Se você estiver no caminho em que deve estar, tudo se encaixa, pois o Universo está lhe dizendo isso. Mas, se não estiver no caminho certo, encontrará obstáculos por todo o percurso, e mais uma vez é o Universo lhe dizendo para parar, olhar em volta e perguntar a si mesmo se aquele é o local em que deveria estar."

Depois de constatar inúmeras vezes a verdade dessa afirmação, concordo que temos um determinado destino, e que tanto podemos percorrer o caminho para chegar até ele quanto nos desviarmos e fazer algo totalmente diferente. Este é o nosso livre-arbítrio. No entanto, essa teoria não exclui o fato de termos de vivenciar as lições, sejam elas fáceis ou difíceis. Afinal, viemos para a Terra para expandir a compreensão da nossa alma e crescer espiritualmente. Portanto, as lições são fundamentais.

Por fim, será que o mundo espiritual pode se envolver no nosso cotidiano e nos ajudar a ir em direção ao nosso destino? Será que os espíritos podem nos ajudar, fazendo coisas acontecerem? Será que eles também podem impedir experiências terríveis? Fiz essas perguntas aos espíritos, e as respostas foram unânimes. Eles concordam que não podem nunca interferir no carma de uma pessoa, porque o carma é o desenvolvimento natural de acontecimentos necessários para o aprendizado de uma alma. No entanto, eles podem realmente *influenciar* uma alma para que ela use o amor em todas as suas escolhas. As decisões, no entanto, são nossas.

Muitas vezes as pessoas me perguntam por que tudo é tão difícil em suas vidas. Digo-lhes que o aprendizado nunca é fácil. As situações e as pessoas que nos dão mais trabalho são nossos melhores professores. Para lidar com a adversidade ou superar uma situação, somos obrigados a buscar em nossa alma uma força que talvez nunca tenhamos percebido antes. Como o propósito da nossa passagem pela Terra é evoluir e crescer, os espíritos querem que tenhamos sucesso. No entanto, eles não podem fornecer as respostas das provas a que somos submetidos. Os espíritos podem estar cientes das situações que enfrentamos na Terra, e podem nos guiar para a direção certa, mas precisamos estar abertos para todas as opções e fazer escolhas movidas pelo amor. Isso ficará evidente na próxima comunicação.

## A ORIENTAÇÃO DE UM IRMÃO

Eu estava fazendo um dos meus cruzeiros espirituais. Em uma das demonstrações diárias, eu tinha terminado a meditação com um grupo quando, ao olhar para o lado direito da plateia, vi um homem ruivo sentado, esperando muito pacientemente. Atrás dele eu podia ver luzes brancas piscando. Quando as vejo, sei que um espírito está começando a se materializar atrás de um indivíduo.

– Senhor, posso ir até aí? – perguntei, enquanto caminhava na direção do homem ruivo. – Qual é o seu nome, por favor?

– Gregory Hobbs.

Eu pergunto o nome das pessoas por dois motivos. Em primeiro lugar, preciso ouvir a voz de um indivíduo para sintonizar seu campo energético. Em segundo, a pergunta faz com que a pessoa concentre sua atenção naquilo que preciso dizer.

Enquanto Gregory dizia seu nome, um homem alto, de aspecto saudável, surgiu atrás dele. Ele se parecia muito com Gregory.

– O senhor tem um irmão mais velho que já morreu?

– Sim, o nome dele era Russell.

De repente, senti uma dor no peito que me mostrou como o Russell tinha morrido.

– Seu irmão teve um ataque do coração?

– Teve – Gregory respondeu, surpreso.

– Ele está me dizendo que o senhor ainda se comunica com ele, que tem reclamado muito. É verdade?

– Sim, acho que é isso mesmo.

– Ele está me dizendo que sempre cuidou do senhor. De certa maneira, ele era como um pai. É verdade?

– Sim, acho que sim. Ele sempre me livrava das confusões. Eu tenho reclamado porque recentemente sofri um acidente e quase morri. Eu disse para ele: "Ei, irmão, será que você não podia ter me prevenido? Eu achava que você era o meu anjo da guarda."

Russell respondeu ao irmão: *Eu lhe avisei, mas você não me ouviu.*

Perguntei a Gregory:

– Há alguns meses o senhor viu uma luz vermelha acesa no painel do seu carro indicando que era preciso verificar os freios?

Gregory precisou pensar um pouco.

– Sim, na realidade, vi, sim.

O irmão dele continuou me mostrando imagens.

– O senhor foi fazer uma revisão no carro e o mecânico lhe disse alguma coisa relacionada aos freios?

– Sim – ele respondeu, encabulado.

– Bem, é estranho, mas neste momento estão me mostrando um anúncio onde está escrito "Revise os freios do carro".

– É verdade – murmurou Gregory. – Eu estava parado num sinal fechado quando, ao olhar para a direita, vi um anúncio sobre freios.

– Foi seu irmão que o fez olhar para aquele anúncio. E ele está me contando que o seu carro despencou de uma montanha porque o senhor estava indo rápido demais e os freios falharam. Está correto?

– O senhor acertou em cheio.

– Seu irmão diz que a lição que o senhor tem de aprender nesta vida é sobre responsabilidade. Ele não conseguiu fazer o senhor consertar os freios, e infelizmente foi preciso viver as consequências da sua ação ou da falta dela. A escolha era sua. Esse era o seu carma. Ele tentou ajudar, mas não podia interferir no seu aprendizado.

Quando olhei para Gregory, vi que uma luz parecia estar acendendo em sua cabeça. Acho que ele finalmente tinha compreendido!

– Obrigado por velar por mim, meu irmão. Eu amo você!

### *Carma de grupo*

Além do carma individual, existe também o carma de grupo. Este abrange grupos étnicos, famílias, nações, negócios, indústrias e vários tipos de redes sociais. Todos nós escolhemos voltar para determinadas famílias porque nossa alma tem conexões cármicas com os membros dela. Todos conhecemos o ditado: "Você pode escolher seus amigos, mas não pode escolher sua família." Bem, na verdade, nós *realmente* escolhemos nossa família! No intervalo entre uma vida e outra, decidimos que há importantes vivências de determinados grupos cármicos que precisamos experimentar para aprender e evoluir espiritualmente. Por isso, escolhemos o papel que assumiremos para poder proporcionar ao grupo o maior número de oportunidades de vivenciar essas várias lições. Ou seja, as almas que chamamos de "nossa família" (inclusive nossos amigos mais próximos) já estiveram conosco em muitas vidas na Terra, aprendendo várias lições.

Em uma vida, você pode ter sido o pai, em outra, o filho, e em outra ainda, o avô ou a avó. O papel não importa. Há uma dinâmica de aprendizado de grupo, e o objetivo é assumir esses vários papéis para poder aprender e evoluir como um ser mais completo e experiente. A experiência é o melhor professor.

Já observei muitos relacionamentos familiares nos quais, sem que houvesse um motivo aparente, duas pessoas nunca conseguiram se dar bem. A maioria não entende por que isso ocorre, mas sente profundamente. Na vida atual, as almas dessas pessoas voltaram para resolver suas desavenças e se compreenderem.

Sempre que explico para alunos o que quero dizer com carma coletivo, gosto de indicar que a primeira coisa a fazer é sentir a energia de um grupo de pessoas. Sempre que apareço no palco diante de uma plateia, posso discernir sua energia em dez segundos. Percebo se as pessoas são receptivas, resistentes, alegres, sérias, sofridas, descrentes ou simplesmente curiosas. Como percebo isso? Sentindo a energia que o grupo está irradiando. Cada um de nós tem uma energia própria e identificável. No entanto, quando nos reunimos, seja qual for a situação, nos tornamos parte da dinâmica do grupo maior. Pense nas ocasiões em que você esteve numa festa. Festa animada ou chata? A dinâmica do grupo cria a atmosfera. Você pode sentir, pela energia gerada na sala, se ela está cheia de pessoas felizes ou infelizes, alegres ou deprimidas.

Imagine o carma de grupo como um grande caldeirão. Os indivíduos são os legumes. Cada legume é um ingrediente importante que fará com que a sopa fique saborosa ou ruim. O resultado final não será bom se os sabores dos ingredientes se chocarem em vez de se realçarem.

As pessoas também estão aqui para aprender e cumprir obrigações cármicas, fazendo parte de determinados grupos raciais, étnicos, religiosos ou minoritários. Ao se colocar num grupo específico, você vivenciará situações disponíveis apenas para os que estão naquele grupo. Durante a evolução de uma alma existem, além do carma individual, interações e dinâmicas de grupo constantemente em jogo.

Eu também acredito que nascemos num determinado país porque, de alguma maneira, temos uma conexão cármica com ele. O próprio país precisa cumprir as suas obrigações cármicas e evoluir. Nós, como cidadãos, fazemos parte da evolução de uma nação. Precisamos lembrar que as nações, assim como os indivíduos, fazem coisas boas e ruins. Cada ação realizada por um país cria um efeito em cascata, e cada país tem a oportunidade de fazer a coisa certa ou prejudicial para o mundo.

A chave para compreender o carma de uma nação é saber o que está por trás das ações de seus líderes. Foram escritos muitos artigos em que se especulava sobre o período de George W. Bush na presidência e o carma que ele criou para os EUA. Qual era o motivo de Bush para ir à Guerra do Iraque? Seria aquela a melhor alternativa? O motivo dele era válido? Aquilo foi para o bem da humanidade ou foi um carma negativo gerado por ganância e conflitos de vidas passadas? Foi de fato para a independência dos iraquianos, ou para obter o controle do petróleo?

Do ponto de vista astrológico, o presidente Bush tem um mapa astral muito pesado. Nascido sob o signo de Câncer, ele é muito sensível e preocupado com valores de família. Mas o mapa também revela que ele é impulsivo e que vê o mundo a partir de uma perspectiva muito limitada. Carmicamente, as batalhas fazem parte do seu passado. Um mapa astral, assim como muitos outros veículos metafísicos, é uma ferramenta que nos permite obter uma visão da personalidade e do modo de agir de uma pessoa. Uma área do mapa revela as tendências cármicas da alma. O mapa de Bush mostra que ele veio para ocupar um poderoso cargo no mundo e que recebeu muitas oportunidades para evoluir e utilizar os aspectos mais nobres do seu ser, como a compreensão, a empatia e a sensibilidade. Está claro que ele teve a opção de mudar seu carma e de fazer transformações. No entanto, infelizmente, a decisão dele já estava tomada, e tem custado muitas vidas.

Há alguns anos atendi uma famosa atriz de televisão a quem chamarei de Melanie. O programa de televisão dessa estrela foi muito popular durante vários anos e ainda é transmitido em todo o mundo. Desde o momento em que sua filha mais velha nasceu, ela soube instintivamente que aquela seria uma das lições cármicas mais difíceis da sua vida. Assim que aprendeu a falar, a filha mostrou-se exigente, rebelde e fez o possível para chamar a atenção.

Antes de a sessão começar, Melanie me confidenciou:

– James, no dia em que minha filha mais velha nasceu, olhei para ela e pensei: "Conheço esta aqui, e ela vai me causar sofrimentos." Agora preciso saber o que está acontecendo entre nós duas.

Imediatamente vi um espírito feminino com cabelos longos, grisalhos e encaracolados de pé atrás de Melanie. O espírito tinha pensamentos muito fortes e me disse: *Eu fazia o que você está fazendo agora.*

– Há uma mulher aqui vestindo uma túnica multicolorida. Ela parece bastante dona de si. Está dizendo que fazia o que estou fazendo. Seu nome é Dinah ou Dana.

– Ah, meu Deus! Essa é a Dede, a minha médium.

– Bem, ela de fato consegue transmitir seus pensamentos com muita clareza.

– Sim, é a Dede. Ela sempre dizia o que pensava.

– Ela quer que você saiba – continuei – que agora ela é o seu guia e está sempre próxima para protegê-la.

– Obrigada, Dede. Eu certamente preciso da sua ajuda.

Os pensamentos de Dede me chegavam aos borbotões.

– Ela está me falando sobre a sua filha. Disse que você está com medo dela. É verdade?

– Sim, James, ela me apavora. – Passados alguns segundos, ela acrescentou: – O que posso ter feito para merecer esse tratamento?

– Dede está me dizendo que você teve várias vidas com a sua filha e que nessas vidas vocês duas eram pessoas importantes. Por isso, sua filha está com ciúme de você, por não ser uma estrela famosa na vida atual.

– Ah, meu Deus! – Melanie gritou. – Isso explica por que ela me trata tão mal.

– Dede quer que você tenha cuidado. Sua filha tem por você um ódio que vem de uma vida anterior. Você e ela já precisaram se enfrentar muitas vezes. Na última vida em que estiveram juntas, você era um rei e ela, sua filha. Ela tentou matá-la para tomar o poder. Você descobriu a conspiração e baniu-a para uma ilha pelo resto da vida.

Pude ver que aquela comunicação estava perturbando Melanie.

– Dede está dizendo que você e sua filha têm muitas lições cármicas a aprender. Ela precisa aprender a aceitar a sua popularidade e a não ter ciúme da sua fama. Vocês duas montaram um cenário na vida atual para que ambas pudessem aprender a se amar, não importa em que posições estivessem. Mais uma coisa. Dede repete que está sempre com você, protegendo-a.

A seguir, o espírito de Dede se afastou.

Portanto, você pode ver como os padrões cármicos são encenados. Se um número maior de pessoas tiver consciência de que já estivemos com nossos familiares inúmeras vezes, será mais fácil compreender as lições, e certos comportamentos poderão ser incentivados, enquanto outros podem ser reprimidos.

## NÃO EXISTEM ACIDENTES

De acordo com o budismo, o carma é o somatório de todas as nossas ações anteriores e de nossos impulsos atuais. Vejo isso a partir da seguinte perspectiva: somos todos uma centelha de Deus, e Deus é Amor. Por isso, se vivemos demonstrando amor em tudo o que fazemos, criamos um carma positivo. As consequências das nossas ações serão benéficas. Todas as coisas feitas com amor nos ajudam a ver nossas lições com mais clareza e a apreciá-las plenamente.

Quando uma alma quer aprender mais, obter mais experiência e evoluir como um ser espiritual, ela reencarna num corpo novo. A reencarnação parece ser uma maneira razoável de uma alma continuar se desenvolvendo. A alma pode reconsiderar as oportunidades perdidas e compensar o carma do ciclo de uma vida anterior. O intervalo entre as encarnações depende de cada alma que usa "o tempo" no mundo espiritual como preparação para uma nova vida.

Ao longo dos tempos, milhares de pessoas já vivenciaram lembranças de vidas passadas, seja através de sensações de déjà-vu, de sonhos muito nítidos, ou de estarem sendo levadas para um determinado lugar sem que haja qualquer motivo aparente. Nossas experiências de vidas passadas estão indelevelmente impressas no tecido da nossa alma. Quando acessada, a memória da alma pode revelar vidas anteriores decisivas e expor o carma de uma vida passada que esteja sendo vivenciado na vida atual.

Muitas pessoas com quem já trabalhei perguntaram a seus entes queridos no mundo espiritual por que certos fatos estavam acontecendo em sua vida atual, ou por que certas pessoas estavam se comportando mal em relação a elas. Muitas vezes os espíritos respondem que é necessária uma compensação por uma encarnação anterior. Em outras palavras, um débito precisa ser pago para que uma alma possa desenvolver-se. O próximo relato é um exemplo extraordinário de como as almas vêm juntas para pagar seus débitos cármicos do passado.

Há alguns anos um grupo de mães foi a um dos meus encontros. Após os cumprimentos iniciais e uma breve meditação, vi um jovem de cabelos castanhos ondulados de pé, atrás de uma das mães.

– Bonnie, há um jovem aqui. Acho que é o seu filho. Ele tem cerca de 19 anos e está vestindo uma camiseta com o desenho de um revólver impresso nela.

Os olhos de Bonnie se encheram de lágrimas, e ela agarrou a mão da mulher que estava ao seu lado.

– Sim, é o meu filho Toby.

Comecei a sentir o impacto da morte de Toby. De repente, minha cabeça pareceu girar e, a seguir, tudo ficou escuro.

– Ele morreu num acidente de carro?

Bonnie e a mulher ao lado balançaram a cabeça afirmativamente.

– Ele diz que está aqui com os filhos das outras senhoras. Eles todos se conheciam da escola e costumavam sair sempre juntos. Eram fascinados por armas e por filmes de guerra. Está correto?

Naquele ponto, outras duas mães, Patty e Sharon, que estavam sentadas ao lado de Bonnie, levantaram a mão para que eu as notasse.

Patty disse:

– Meu filho também era fascinado por filmes de guerra. Eles dois e o de Sharon eram como os Três Mosqueteiros. Iam juntos a todos os lugares e adoravam histórias sobre guerras, especialmente sobre o Vietnã.

Enquanto ela falava, outros dois jovens espíritos apareceram. Os três tinham a mesma idade e pareciam felizes, como se fosse parte do plano estarem juntos.

Pedi aos três jovens que me mostrassem o acidente em que haviam morrido. A imagem rapidamente surgiu em minha mente. Pude ver os três rapazes no banco da frente de um jipe Cherokee preto. Estavam indo rápido demais, e em determinado momento Toby abaixou a cabeça para aumentar o volume do rádio. Naquele instante, um carro que vinha em direção oposta o obrigou a girar o volante, e a manobra fez com que o jipe saísse da estrada e batesse num poste de telefone. O veículo explodiu e os três jovens morreram queimados.

Enquanto eu explicava o que estava vendo, as mães se deram as mãos para se apoiarem. Muitas pessoas choravam.

Bonnie então me perguntou:

– Por que eles tiveram que morrer numa batida de carro?

– Seu filho está dizendo que precisava ser daquela maneira. Aquele era um débito cármico que precisava ser pago.

A seguir, perguntei às três mães:

– As garotas do outro carro não se feriram. É isso mesmo?

Elas balançaram a cabeça afirmativamente. Pedi então aos jovens que falassem sobre o carma que precisava ser pago.

– Os seus filhos estão me dizendo que serviram juntos na Guerra do Vietnã na encarnação passada, provavelmente no final da década de 1960. Seus filhos me contam que os três soldados estavam fazendo uma patrulha de jipe, procurando vietcongues. Estavam todos bêbados por causa das celebrações do ano-novo chinês. Encontraram um homem e uma mulher, marido e esposa, escondidos dentro de um carro. Saíram do jipe e começaram a insultar o casal e a seguir atiraram no carro. O veículo pegou fogo, com as duas pessoas dentro. Meu Deus! Os três ficaram parados e assistiram o casal morrer queimado.

Precisei de alguns minutos para digerir o que estavam me mostrando. O resto da plateia permaneceu em silêncio. As três mães choravam enquanto ouviam quanto seus filhos tinham sido cruéis numa outra vida.

– Na realidade, não existem acidentes. O acidente de carro na vida atual não foi causado pelas duas garotas do outro veículo. Graças a Deus, elas não tiveram nenhum arranhão.

– Mas, se eles morreram no Vietnã, por que tiveram de morrer outra vez nesta vida? – Sharon perguntou. – O carma deles já não tinha sido pago naquela guerra?

Perguntei aos espíritos como eles tinham ido parar no Vietnã.

– Toby está me dizendo que eles não foram convocados. Os três se alistaram porque estavam loucos para serem soldados, usar armas e lutar por seu país. O carma deles não estava conectado ao alistamento na guerra, porque o desejo de lutar pela pátria era justo, enquanto a motivação para matar pessoas inocentes não era. O que eles fizeram foi indesculpável e cruel. Esse era o débito cármico dos três.

A seguir os jovens disseram às suas mães quanto sentiam por tê-las feito sofrer tanto.

– Toby está dizendo: *Por favor, não chorem por nós. Nós precisávamos pagar aquele débito. Agora estamos livres.*

Alguns meses depois dessas mensagens, Bonnie foi até a casa das duas garotas que tinham sido colegas de colégio dos três rapazes. Ela sentiu que precisava fazer aquilo como um ato final de cura. Missy Holmes, mãe das meninas, a fez entrar. As duas mulheres conversaram sobre o acidente. Enquanto Bonnie contava sobre minha comunicação, Missy contribuiu com algumas valiosas informações.

– É engraçado você mencionar a fascinação do seu filho pelo Vietnã. As minhas duas filhas também são fascinadas por esse país. Elas querem ir lá um dia. E têm tanto medo de morrerem queimadas que parece até uma obsessão. Chegaram a colocar cordas nas janelas com medo de haver um incêndio e ficarem presas.

Bonnie disse que esperava que, de onde estivesse no mundo espiritual, Toby pudesse ajudá-las a superar esse medo.

Talvez as duas meninas fossem o marido e a esposa que morreram queimados no Vietnã. Jamais saberemos. No entanto, o que de fato importa é que aqueles três jovens foram responsáveis por uma ação odiosa. E precisavam colher o que tinham semeado.

Fique sabendo que o carma não é um castigo, mas uma maneira de administrar nossas ações e reações. O carma é também uma ferramenta educativa que nos ajuda a evoluir espiritualmente e compensar as consequências de todas as ações que estão em desacordo com a lei do amor. Na vida presente, recebemos muitas oportunidades para limpar o carma negativo de existências anteriores. O mundo espiritual já deixou bem claro para mim que, como almas, vivemos muitas vezes e em muitos lugares diferentes.

Certa vez, vi colado no para-choque de um carro um adesivo que nunca esquecerei. Ele dizia: "A maneira como você me trata é o seu carma. A maneira como eu reajo é o meu." Mantenho sempre essa lição em minha mente.

Saber que temos um carma é uma coisa, mas como lidar com ele? Este é o tema do próximo capítulo.

# SETE

# SUPERANDO OBSTÁCULOS

Quantas vezes você olhou para uma situação na sua vida e perguntou a si mesmo: "Como Deus pôde fazer isso comigo? Não tenho como sair desta!" Talvez você tenha se debulhado em lágrimas, achando que estava preso àquela situação, sem ter ideia do que aconteceria a você e à sua família.

Sempre que me vejo pensando que o mundo é um lugar difícil que me sufoca, procuro me lembrar de uma mulher cuja coragem superou todos os reveses. Ela foi uma das maiores professoras espirituais que já existiram e é um exemplo perfeito de como superar qualquer obstáculo que surja no seu caminho. Com um ano e meio de idade, ficou cega e surda. Em vez de se comportar como vítima, essa mulher usou a deficiência como um instrumento para se conhecer melhor e compartilhar suas percepções e seu conhecimento com os demais. Conseguiu incentivar os outros a viver plenamente. Se pudéssemos vislumbrar ao menos uma fração do que ela alcançou, apesar de sua deficiência, apreciaríamos todos os momentos de nossas vidas. Seu nome era Helen Keller. Ela disse: "Quando uma porta para a felicidade se fecha, outra se abre; porém, muitas vezes ficamos olhando tanto tempo para a porta que está fechada que não vemos a que se abriu para nós."

Espero que tudo o que você já leu até aqui o tenha feito refletir. Ao rever sua vida e as escolhas que fez antes de entrar nela, você talvez já tenha adquirido uma perspectiva muito diferente sobre como escolher se comportar nas situações que se apresentam. Sei que com essa nova compreensão você poderá começar a viver de maneira mais produtiva e responsável e deixar para trás antigos comportamentos negativos.

Na vida, sempre há obstáculos. Como um dos meus guias me disse certa vez, os obstáculos são oportunidades para aprendermos mais sobre nós mesmos e sobre o mundo em que vivemos. A vida certamente seria monótona e não evoluiríamos se não houvesse divergências, conflitos e traumas. Aprender a superá-los é o que dá sentido à vida. Quando as coisas parecem estar ruins, sempre me lembro de uma canção que me ajuda a sair das depressões: "O sol nascerá amanhã." Esta é a verdade.

Pare um momento e reflita seriamente sobre as dificuldades que está enfrentando. Talvez existam dias em que, de manhã, você mal consegue levantar a cabeça do travesseiro, porque tudo parece estar perdido. Porém, como parte da sua natureza humana, você possui um forte instinto de sobrevivência. Você quer manter a chama da esperança viva para um novo dia porque, nele, talvez descubra algo novo sobre o problema que está vivendo ou talvez lhe apareça uma nova oportunidade.

Não existe nada que nos impeça de evoluir, mas precisamos ter uma firme intenção. Ao depararmos com obstáculos, é necessário gerar um senso de autoconfiança e escolher como reagir a partir da nossa mais profunda verdade. Podemos reagir a uma situação olhando-a de uma perspectiva diferente. O simples fato de saber que somos capazes de mudar a visão que temos das nossas circunstâncias nos faz sentir no controle das situações, em vez de nos sentirmos dominados por elas.

Nunca se entregue ao fracasso. Não é isso que você quer. Compreenda que nada do que está acontecendo é o fim do mundo, que sempre surgirão outras oportunidades no seu caminho e que você terá condições de aproveitá-las para crescer.

Ao definir alguns dos obstáculos básicos e suas origens, espero lhe fornecer um modo de remover as suas barreiras e adquirir uma nova perspectiva. É útil manter mente e coração abertos, ter paciência e força e colocar um toque pessoal em tudo o que faz. Quando você tiver uma visão mais clara de si mesmo, poderá reconhecer todos os que o amam.

### *O medo*

No terceiro capítulo falei de muitos pontos relacionados ao medo. O medo é uma reação emocional normal que faz parte do nosso instinto de sobrevivência. Mas o medo dirigido a qualquer outra coisa que não seja a sobrevivência é simplesmente uma ilusão. O medo pode indicar uma fuga ou um pretexto para evitar uma determinada questão. Ele também cria preocupações desnecessárias. Quando tememos alguma coisa, tendemos a fazê-la parecer pior do que é na realidade. Ou seja, fazemos tempestade em copo d'água.

A maioria dos nossos medos foi incutida em nós pelos sistemas de crenças dos nossos pais, das nossas religiões ou das percepções distorcidas das outras pessoas. O medo tanto pode nos motivar a ir em frente na vida, por temermos o fracasso, quanto nos impedir de realizar nossos sonhos, nossos desejos e nossos objetivos, por "nos acharmos incapazes de atingi-los". Para muitos, parece mais fácil sentir medo do que acreditar no sucesso. Precisamos enfrentar nossos medos com honestidade, vendo-os *realisticamente* para não sucumbir ao poder deles em nossa vida.

### *Atitude*

A sua atitude é muito importante, porque, além de mostrar sua imagem ao mundo, ela é a força motriz por trás do seu modo de agir. Sua atitude influencia o seu mundo e tudo o que você faz nele, além de definir a energia que você emite. Se sua atitude é positiva, você é uma pessoa mais aberta e os que estão ao seu redor sentem atração por você. Se você está deprimido, mal-humorado e infeliz, ninguém quer estar ao seu lado. Você literalmente afasta as pessoas e as oportunidades.

O bom é que você pode escolher a atitude que deseja adotar. Não existe uma maneira ideal; cada pessoa tem a sua. Por exemplo, digamos que o seu chefe diminua o número de suas horas de trabalho. Você pode decidir achar que ele foi injusto e que por isso você não irá mais trabalhar com tanto afinco. Sua atitude vai demonstrar que você não estava tão envolvido nas suas tarefas. Por outro lado, você pode escolher adotar uma atitude de compreensão, pensando que talvez não esteja a par de tudo o que está acontecendo e que um corte na carga horária é uma medida necessária para manter a sobrevivência da empresa. Não leve tudo o que acontece na vida para o lado pessoal. Algumas coisas fazem parte de um quadro maior. Quando você consegue pensar "Sei que tudo vai dar certo, tal como está previsto", isso geralmente acontece – carmicamente falando.

Saber que você pode escolher como reagir é especialmente importante quando ocorrem problemas inesperados. Lembre-se das técnicas para manter uma atitude positiva. Se adotá-las, você estará garantindo uma vida mais feliz para si mesmo.

## A APROVAÇÃO DO MEU PAI

Uma história extraordinária sobre os aspectos positivos da atitude veio numa mensagem que transmiti a Dean, um jovem de 22 anos. Eu o conheci em 2002, antes do início do meu programa de TV, *Beyond*. Para se familiarizar com meu trabalho, alguns produtores organizaram uma demonstração com um grupo de cinco pessoas desconhecidas: três mulheres e dois homens de pouco mais de 20 anos.

Todos se manifestaram, mas um dos jovens se destacou, dizendo:

– Oi, James. É um prazer conhecê-lo. Você faz um trabalho maravilhoso. Obrigado pela sua contribuição.

Imediatamente me chamaram a atenção o sorriso e a simpatia do jovem. Dean irradiava charme e magnetismo.

Logo após começar a sessão, o pai de Dean apareceu. Ele se posicionou do lado direito do filho e parecia distante e incerto sobre o que estava acontecendo.

– Dean, seu pai está aqui. Ele parece um pouco cético sobre a própria presença.

– Deve ser ele. Meu pai nunca acreditou muito nessas coisas.

– Seu pai está dizendo que você tem um dom que ele não percebeu antes de morrer.

– Um dom? Que dom?

– Ele diz que desde a infância você tem uma visão positiva sobre a vida. As pessoas sempre diziam que você era um bom garoto, e seu pai o considerava um idiota por ser tão bom.

Eu podia ver que os comentários do pai deixavam Dean confuso.

– Ele não sabia como lidar com isso e lastima ter caçoado tanto de você.

– Isto não tem importância, papai. Sei que eu era diferente.

– Seu pai está dizendo que ficava preocupado com a possibilidade de as pessoas se aproveitarem da sua bondade e por isso tentava protegê-lo.

– Eu era meio crédulo e ingênuo. Acho que nasci desse jeito.

– Seu pai está dizendo que o seu otimismo vai levá-lo longe neste mundo e que muitas portas se abrirão para você. Você terá uma carreira excelente, e ele vai ficar feliz ao vê-lo subir na vida.

– Que ótimas notícias! – disse Dean, sorrindo.

– Sim – falei. – Seu pai diz que está aprendendo muito com você. Diz que gostaria de ter feito isso enquanto estava vivo.

– É mesmo?! – Dean exclamou. – Que engraçado! Meu pai costumava dizer que eu via o mundo através de lentes cor-de-rosa. Achava que eu nunca iria para a frente por ser tão crédulo. E agora ele está aprendendo comigo?

– Nós estamos sempre aprendendo, seja aqui ou lá. Os espíritos aprendem conosco, assim como nós aprendemos com eles.

– Eu amo você, papai.

Um dia desses, enquanto mudava de canal na televisão, parei para ver um programa novo e não pude acreditar no que estava assistindo. Para minha surpresa, o ator principal era Dean. Tudo o que pude pensar foi: "Parabéns, Dean. Aquelas lentes cor-de-rosa lhe foram úteis."

### *As emoções*

Somos naturalmente seres emotivos. Nossas emoções tanto podem nos orientar para fazermos a coisa certa quanto atrapalhar nossas decisões. Dependendo da quantidade e do tipo, as emoções podem, e muitas vezes conseguem, nos impedir de desenvolver nossos potenciais. Quando somos dominados por emoções como a depressão, o medo e a raiva, imediatamente nos sentimos atacados e encurralados. Essas emoções nos obrigam a nos concentrar no que consideramos errado e nos dão a sensação de que algo precisa ser consertado. As emoções negativas nos abatem psicológica e fisicamente, alteram nossos hormônios cerebrais e nos levam facilmente à consciência de vítima, porque nossa visão fica limitada. Nosso corpo se contrai e nossa cabeça se curva. Tudo o que queremos nesses momentos é dormir e nos esconder. Estamos deprimidos.

As emoções positivas, como o amor, o perdão e a alegria, trazem crescimento e expansão às nossas vidas. Elas nos ajudam a descobrir possibilidades de longo alcance. Quando nos sentimos especialmente felizes, ficamos cheios de força e achamos que tudo é possível. Sorrimos, dançamos, gritamos entusiasticamente, experimentamos uma intensa alegria. Quanto mais positivas forem nossas emoções, mais saudáveis estaremos em nosso corpo, nossa mente e nosso espírito. Nós nos tornaremos mais tolerantes e criativos e estaremos preparados para nos envolver, por completo, nas incríveis oportunidades que a vida apresenta.

Eu digo às pessoas que fechem os olhos e pensem numa coisa que as deixe felizes sempre que estiverem se sentindo tristes e deprimidas. Pode ser uma recordação da infância, uma linda paisagem, uma piada ou um filme engraçado – algo que as faça rir e se sentir bem. Rir é o melhor remédio, porque modifica a nossa energia imediatamente. Além de produzir um efeito psicológico, também produz um efeito físico, alterando a química do cérebro sem qualquer estimulante artificial. Sempre que entro num lugar onde a energia é pesada demais, instintivamente começo a cantar. Canto para me animar. De um modo geral, isso provoca sorrisos e espanto nas pessoas. Mas elas também riem, e a energia do ambiente é alterada.

*O estresse*

Embora estresse seja o oposto de tranquilidade, ele faz parte da vida. É uma reação física à maneira como reagimos a determinada situação. Um pouco de estresse pode ser benéfico. Por exemplo, você pode usar o estresse criativo para entregar um produto especial no prazo marcado. O estresse desencadeado pelo instinto de sobrevivência nos protege do perigo e nos ajuda a viver em segurança em ambientes hostis. Um pouco de estresse é bom, mas estresse excessivo é mortal.

O estresse prejudicial é aquele sobre o qual não exercemos qualquer controle e que faz com que nos sintamos impotentes em relação a coisas que afetam nossa vida. Por exemplo, uma mulher que se esfalfa para ser ao mesmo tempo mãe, profissional, amiga, cidadã militante e malhadora inveterada, dando a cada atividade o máximo de si. Ou um homem que dirige sozinho sua própria empresa e precisa constantemente equilibrar as pressões inerentes a suas múltiplas funções. Ambos estão sob muito estresse.

O estresse precisa ser dosado; ele não pode dirigir a sua vida. Se isso acontecer, o resultado final pode ser uma doença física como dor de cabeça, insônia, problemas digestivos, mudanças de humor, dores no peito. Quando examino a aura das pessoas e vejo uma quantidade opressiva de energia ao redor da cabeça, sei que isso significa estresse em demasia, muitas preocupações, muitas inquietações e muitas responsabilidades.

Como lidar com o estresse? Aqui vão algumas sugestões:

- Reflita sobre suas atividades e metas. São realistas ou você acumula um excesso de responsabilidades e vai acabar se frustrando?
- Simplifique a sua vida delegando responsabilidades. Você não precisa fazer tudo!
- Para diminuir o estresse e curar o corpo, faça exercícios regularmente.
- Tenha um hobby, como cuidar do jardim ou pintar.
- Faça uma lista das suas prioridades. Retire os problemas da cabeça e coloque-os no papel para obter uma visão clara do que é prioritário.
- Pare de tentar ser tudo para todo mundo. Seja apenas você!

Se conseguir administrar o estresse, você conseguirá fazer muito mais, com mais eficiência, e a sua vida se tornará muito mais agradável.

*Dinheiro*

O dinheiro é uma ótima ferramenta e uma grande fonte de energia. Mas para muitas pessoas ele é um grande obstáculo. Pode diminuir a nossa capacidade de ver com clareza o quadro maior da vida e de compreender seu significado mais importante.

Todos nós conhecemos pessoas muito ricas e muitas vezes as invejamos. Mas esses milionários podem ser indivíduos extremamente infelizes e frustrados. O simples fato de ter dinheiro não significa necessariamente que você seja rico. O dinheiro é um bem material. Ser rico é um sentimento pessoal.

A maioria de nós vive pagando contas mensais, e os mais afortunados, guardando algum dinheiro para o futuro. No entanto, sempre queremos mais, como se o dinheiro fosse o grande remédio para tudo. Saibam que o Universo nos dá *exatamente* aquilo que pensamos e esperamos em relação ao dinheiro. Se nos preocuparmos com a possibilidade de nunca termos o suficiente, não teremos o suficiente. Preocupar-se com dinheiro significa ter "mentalidade de pobreza". É como se erguêssemos uma parede na nossa frente e ela mantivesse o dinheiro fora do nosso alcance, em vez de deixá-lo chegar até nós.

A liberdade financeira é possível, mas pode ser um pouco difícil de ser alcançada. Para atingi-la você precisa realmente mudar seu modo de pensar sobre dinheiro. Aqui estão algumas maneiras práticas de fazer com que o dinheiro deixe de ser um motivo de preocupação na sua vida:

- Formule um plano de sobrevivência financeira e estabeleça prioridades sobre como gastar o que ganha. Depois, deixe de pensar sobre isso. Lembre-se: a verdadeira segurança e o verdadeiro bem-estar não vêm daquilo que possuímos, mas de quem somos e do amor que damos e recebemos.
- Elabore um orçamento. Você sabe quanto realmente gasta por mês? Ser feliz significa viver com aquilo que se tem. Você pode de fato controlar os seus gastos.
- Não seja impulsivo quando fizer compras. Quando for comprar algo, certifique-se antes de que aquilo é realmente necessário. Pare de comprar coisas supérfluas.
- Pare de achar que você precisa de bens materiais para ser feliz.
- Pare de sentir inveja daqueles que, na sua opinião, têm alguma coisa melhor do que você. Aprecie o que tem.
- Estabilize os seus débitos e deixe seus cartões de crédito em casa.

A maneira como você lida com o dinheiro é uma lição cármica. O Universo lhe dá aquilo que você distribui. Quando usa o dinheiro para ajudar os outros, você abre o fluxo e a troca de energia.

Uma vez, um amigo me contou uma parábola que descreve como a ganância e as crenças egoístas sobre dinheiro podem bloquear o desenvolvimento da nossa alma. Eu gostaria de compartilhá-la com você:

> Um bilionário morre e vai para o céu. São Pedro se posiciona para recebê-lo e levá-lo para conhecer o local. Enquanto caminha pelo ambiente celestial com São Pedro, o bilionário fica admirado com a beleza e a perfeição do que vê. Os jardins estão impecavelmente cuidados e repletos de todos os tipos de plantas exóticas. Grandes mansões encontram-se esteticamente espalhadas pelos jardins. A beleza e a grandiosidade do céu o deixam muito emocionado. São Pedro continua guiando o homem. As cores que os cercam são simplesmente incríveis.
>
> – Onde é a minha casa? – pergunta o homem.
>
> – Um pouco mais adiante – responde São Pedro.

Eles seguem em frente. De repente, o homem percebe que o ambiente está mudando. As casas agora são menores. Os jardins são poucos e esparsos. As cores não têm brilho.

– Onde é a minha casa? – o homem insiste, um pouco perturbado.

– Logo ali – responde São Pedro.

Eles andam mais um pouco e entram numa rua. Lá, a atmosfera é bem diferente. As casas são praticamente barracos, as cores predominantes são o cinza e o marrom, o caminho está cheio de lama.

Surpreso com tal mudança, o homem agarra o braço de São Pedro:

– Espera aí. A minha casa não pode ser aqui. O senhor deve ter pego o caminho errado.

– Não. Esse é o caminho certo – responde São Pedro.

São Pedro para e aponta uma minúscula choupana caindo aos pedaços. O local está tão escuro que o homem mal pode ver.

O homem se vira para São Pedro e, furioso, protesta:

– O senhor obviamente não sabe quem eu sou. Esta não pode ser a minha casa. Na Terra, eu tinha uma grande fortuna. Possuía dez casas e tinha centenas de empregados. Podia comprar o que quisesse. Sei que houve algum engano. Com quem eu posso falar?

– Não houve erro. Só foi possível construir isso com o material que você nos enviou!

O mundo espiritual não premia a aquisição de dinheiro. Na realidade, o dinheiro é visto numa ótica muito diferente: não como um fim em si, mas como um instrumento de ajuda para os outros.

## TENDO TUDO

A próxima mensagem é a de um marido para a esposa. Em termos materiais, eram ricos, mas espiritualmente falidos.

Eu estava fazendo uma demonstração em Orange County e notei como muitas das mulheres presentes estavam bem-vestidas e usavam joias. Minha assistente me disse que se tratava de mulheres muito ricas.

No meio da sessão, vi um espírito masculino junto a uma delas. Percebi que ele estava ansioso para enviar uma mensagem.

Eu me encaminhei para uma mulher elegantíssima, sentada na primeira fileira.

– Posso ir até você? – perguntei.
– Sim, claro.
– Há um homem aqui. Ele está ansioso para falar com você. Disse que o nome é Clifford ou Clifton. Você conhece essa pessoa?
– Sim, Cliff, o meu marido. Ele morreu há alguns anos.
– Ele parece perturbado com alguma coisa. Está me dizendo que você precisa mudar o que está fazendo.
– Não sei o que ele quer dizer com isso – ela respondeu.
Pedi ao espírito que esclarecesse a mensagem. Eu o ouvia e falava com ele enquanto a plateia esperava, ansiosa.
– Cliff está dizendo que estava errado. Que ele não sabia até chegar lá. Está me mostrando uma sala de tribunal. Agora estou vendo uma mansão. Isso faz algum sentido?
– Sim. Meu marido era advogado. Tinha um escritório muito lucrativo. Morávamos numa mansão em Newport. Ele era viciado em trabalho.
– Por favor, não diga mais nada. – Voltei a escutar Cliff. – Agora ele está me mostrando joias, champanhe, barcos, carros e pilhas de dinheiro. Quem é Betty?
– Betsy. Sou eu.
– Ele está dizendo que nenhuma dessas coisas importa. Está dizendo que, quando chegou do outro lado, não estava feliz. Sinto muita coisa em volta da cabeça dele. Muita confusão.
– Isso não parece nem um pouco com Cliff. Ele sempre sabia o que estava fazendo.
– Bem – respondi –, ele não tem qualquer controle sobre a própria vida no mundo espiritual. Está dizendo que enganava as pessoas quando estava vivo. Lastima muito ter mentido. Estava totalmente envolvido com o mundo material.
– Não estamos todos? – ela observou com um sorriso irônico.
– Quem é Derek?
– Nosso filho. Ele morreu também. – Os olhos de Betsy se encheram de lágrimas.
– Cliff está tentando convencê-la a mudar. Ele tirou dinheiro dos clientes, cobrando a mais. Quer que você dê essa quantia aos necessitados. Ele diz que é dinheiro sujo, fruto de trapaça. E que você deve usá-lo para abrir uma casa de caridade.

– Eu não sei o que pensar.

Aquela mulher não estava de fato ouvindo o que Cliff tentava lhe dizer. Estava muito envolvida com seu estilo de vida.

– Cliff está me mostrando um avião pequeno. Seu marido e seu filho morreram num acidente de avião?

– Sim, no jatinho do Cliff. Ele estava ensinando o Derek a pilotar.

– Cliff está ajoelhado. Está lhe implorando. Está dizendo: *Não faça o que eu fiz*. Ele diz que cometeu erros e que se sente muito infeliz por ter se aproveitado dos outros.

Betsy parecia comovida, mas eu podia ver que não era isso que ela desejava ouvir.

– Meu filho está aí? – perguntou.

– Não. Não estou vendo nenhuma outra pessoa além do seu marido.

– Tudo bem. Diga ao Cliff que vou pensar sobre a caridade.

– Você pode falar com seu marido. Ele está sempre por perto.

– Ah, espero que não. Não o quero perto de mim o tempo todo.

– Ele só estará por perto quando você quiser – eu disse. A seguir, me afastei de Betsy e continuei com minhas comunicações.

Meses depois recebi uma mensagem dela.

*Prezado James,*

*Você trouxe uma mensagem para mim em uma das suas sessões em Orange County. Meu nome é Betsy, e meu marido, Cliff, apareceu naquela noite. Eu me sentia muito infeliz na ocasião e não quis escutar o conselho dele. Estava muito envolvida com meus bens materiais. Aquele era um modo de aliviar a dor de ter perdido Cliff e Derek, meu filho. Eu gastava o dinheiro que Cliff me deixou como se ele crescesse em árvores. Casei com um homem que, tal como eu, gostava da boa vida. Aprendi uma boa e dolorosa lição, porque ele me enganou, roubou minha herança e deixou o país. Agora estou vivendo num apartamento pequeno e trabalhando numa loja. Eu devia ter escutado Cliff e fundado uma casa de caridade. Pelo menos teria gastado o dinheiro numa boa causa. Quero lhe agradecer por aquela noite. Agora falo com Cliff o tempo todo. Paguei um preço muito alto, mas acho que aprendi a lição.*

*Atenciosamente,*
*Betsy*

*A autoestima*

Se Betsy tivesse tido mais autoestima, talvez tivesse entendido que torrar dinheiro em coisas materiais não a faria nunca se sentir inteira por dentro.

No entanto, se você aprender essa lição, o mundo passará a ser uma fonte de alegria e você poderá obter o que quiser. *Tudo na vida* provém da percepção que você tem de si mesmo. Medir a autoestima é fácil. Ela marca a diferença entre sucesso e fracasso. Se sua autoestima é alta, você se avalia como merecedor e sente que pode realizar o que deseja. Se é baixa, você acha que merece pouco e se sente como um perdedor.

Acredito que viemos para este mundo com um determinado conjunto de valores e uma certa percepção de nós mesmos. Também acho que as pessoas que nos cercam e nos orientam têm enorme influência na formação ou na destruição de nossa autoestima.

Quando eu era pequeno, tinha pouquíssimos amigos, nenhum mais chegado. Eu me sentia diferente e isolado. Um dia, estava caminhando por uma rua do meu bairro quando um carro parou ao meu lado. Uma mulher abaixou o vidro da janela e me chamou. Disse que era nova na vizinhança, que morava no outro quarteirão, e me convidou para ir até sua casa e conhecer seu filho, que era da minha idade. Naquela noite conheci Scott. Nós nos tornamos grandes amigos, mas foi Connie, a mãe dele, que produziu a maior transformação na minha vida. Ela sempre me incentivava, dizendo que eu era maravilhoso:

– Nunca dê ouvidos a alguém que implica com você por não perceber quanto você é especial!

A visão, o incentivo e o amor incondicional de Connie me ajudaram a ter confiança em mim mesmo. Posso honestamente dizer que, se não fosse por ela, eu não estaria onde estou hoje, e você não estaria lendo este livro.

Qual é a maneira mais fácil de conquistar autoestima ou, como gosto de dizer, de lembrar a si mesmo o quanto você é fantástico?

- Como você se vê? Você faz julgamentos predominantemente negativos sobre si mesmo? Compreenda que você é falível e imperfeito como qualquer outra pessoa. Não se martirize quando cometer um erro ou fizer uma escolha cujo resultado não for aquele que você queria.

- Analise suas ações. Você está prejudicando ou ajudando os outros? Muitas vezes, concedemos mais respeito e tolerância aos outros do que a nós mesmos.
- Cuide-se com amor e avalie-se com tolerância.
- Seja maleável na sua análise. Perdoe suas falhas e as dos outros. Estamos todos aprendendo a ser e a fazer o melhor que podemos.
- Dê a todos que cruzam o seu caminho o benefício da dúvida.
- Faça uma lista dos aspectos que ama em si mesmo. Ponha em prática essas boas qualidades com os outros e veja como o seu amor e a sua bondade podem provocar transformações.

*Distrações*

A vida agitada de hoje em dia é cheia de distrações. Estamos plugados a telefones celulares, BlackBerrys e toda uma gama de equipamentos. Tudo é hiperacelerado, e a realização de várias tarefas simultâneas é a ordem do dia. As distrações podem prejudicar nossos critérios de valores porque dispersam nossa atenção. Não conseguimos alcançar o que desejamos, e por isso acabamos estressados. As distrações consomem grande quantidade de energia mental que poderia ser mais bem aplicada em outras coisas. Meu amigo Joerdie sugeriu que eu escrevesse a palavra "Distrações" num pedaço de papel e o colocasse num lugar onde pudesse vê-lo sempre. Eu o prendi na porta da geladeira e constatei que funciona! Sempre que o vejo, lembro-me das minhas prioridades, e assim não deixo as distrações me desviarem do que é verdadeiramente importante.

As fontes de distrações são muitas, e podem ser internas ou externas. Elas incluem tanto a família quanto os amigos e colegas de trabalho que não contribuem para o nosso crescimento. Além disso, há toda uma parafernália de comunicação que nos absorve e atordoa: o barulho do trânsito, os políticos corruptos que nos deixam indignados, as fofocas que nos cercam, nossa autocrítica e pensamentos descontrolados, etc.

Como lidar com essas distrações? Enfrentá-las é basicamente uma questão de escolha e atitude. Você tanto pode se deixar levar por elas quanto tomar consciência do que o desvia do seu eixo fundamental e decidir administrar sua própria vida.

*O vício*

O vício é provavelmente um dos obstáculos mais comuns e potencialmente destrutivos com que a maioria das pessoas depara hoje em dia. Embora o termo "vício" seja geralmente usado em relação a drogas ou bebidas alcoólicas, ele abrange um campo muito maior. É razoável dizer que a maioria de nós tem pelo menos *algum* tipo de vício. A definição de vício é: uma obsessão, uma compulsão recorrente ou uma dependência fisiológica ou psicológica excessiva.

Se estivermos fisiologicamente viciados, precisamos de substâncias como remédios, drogas ilegais ou bebidas alcoólicas. Se paramos de ingerir o produto químico, ocorre uma crise de abstinência no corpo. Um vício psicológico nos faz buscar maneiras capazes de diminuir rapidamente a ansiedade e o estresse. Os vícios psicológicos abrangem a compulsão pelo jogo, pela prática do sexo, por comida, por consumo, pela internet, pelo trabalho e por videogames. Assim como as distrações, as vícios podem nos impedir de entrar em contato com a nossa individualidade. Esses comportamentos talvez não apresentem manifestações fisiológicas, mas podem ser tão devastadores quanto os causados pela dependência química.

Muitos fatores influenciam o desenvolvimento de vícios. Alguns são herdados, outros provêm de problemas de infância não resolvidos, como a disfunção familiar, o abuso sexual e o estresse emocional. Todos eles geram determinados mecanismos de escape. A falta de autoestima contribui para o surgimento de comportamentos viciantes, porque as pessoas sempre olham para fora de si em busca de algo que preencha o vazio produzido pela falta de amor-próprio.

É possível que as pessoas com esses comportamentos sejam demasiadamente sensíveis ou emotivas e se magoem com facilidade. Por não conseguirem funcionar em situações rotineiras, elas procuram escapar, buscando estados de consciência alterados. Tentam ignorar suas dores e continuam sentindo-as. Só obtêm prazer com os vícios, e fazem qualquer coisa para satisfazer sua dependência. Se essas pessoas soubessem quanto uma coisa tão simples como a meditação pode ajudá-las! Além de nos levar a estados de consciência mais elevados, a meditação produz também uma sensação de unidade, paz de espírito e bem-estar. Ela expande a percepção e permite que uma pessoa veja a totalidade em todas as coisas!

Como tratar os vícios? Isso depende de sua intensidade e de seu tipo. De modo geral, o tratamento precisa ser para a pessoa inteira: corpo, mente e alma. Antes de tudo, é fundamental que o viciado queira largar a droga em que se viciou. Em segundo lugar, ele deve descobrir o motivo exato que levou esse comportamento a se instalar em sua vida. Um forte sistema de apoio terapêutico também será necessário. Participar de um grupo formado por indivíduos que passaram pelo mesmo tipo de experiência pode ajudar muito. O acompanhamento psicológico é imperativo e, na minha opinião, fundamental para uma recuperação bem-sucedida.

## UMA CATÁSTROFE TRIPLA

Eu me lembro dessa experiência com bastante nitidez. Há alguns anos eu estava comandando uma demonstração, como parte de um fim de semana de seminários apresentados por diferentes palestrantes. Na plateia havia duas mulheres jovens que logo me chamaram a atenção. Um espírito feminino se posicionou ao lado delas e parecia estar contando. Achei aquilo divertido e me encaminhei para as duas.

– Qual é o nome de vocês, por favor? – perguntei.

– Eu sou Deborah e essa é minha irmã, Barbara.

Fechei os olhos para obter uma visão de suas energias e depois voltei a olhar para o espírito em pé junto das duas. Ela continuava contando, e eu podia ver que não estava prestando atenção em mim.

– Preciso dizer-lhes que bem perto de vocês há uma mulher idosa que dá a impressão de não perceber o que está acontecendo aqui. Ela parece estar contando. Isso faz algum sentido para vocês?

– Só pode ser a mamãe! – exclamou Deborah.

– Por que ela está contando? – perguntei.

– Ela juntava coisas – respondeu Barbara. – Em nossa casa havia pilhas que iam do chão ao teto, com tudo o que você puder imaginar. Ela costumava contar os objetos para ter certeza de que nenhuma de nós jogaria algo fora.

– Incrível! Bem, ela continua contando.

– Ela nos expulsou de casa e, para ser franca, ficamos contentes e aliviadas – disse Deborah. – Não suportávamos mais morar naquele lugar de horrores. Havia passagens estreitas por todo lado, com espaço suficiente apenas para que pudéssemos passar de um cômodo para outro. Sentíamos muita vergonha. Todos os nossos amigos cochichavam pelas nossas costas, dizendo que mamãe era maluca.

Recebi muitas informações da mãe das jovens.

– O nome dela é Ann ou Anna?

– Annemarie.

Fiquei um pouco tonto por alguns segundos e levei a mão à cabeça.

– Ela bebia muito? Estou recebendo da sua mãe a sensação de estar alcoolizado.

– Ela era alcoólatra. Costumava contar as garrafas de vodca até quando estavam vazias. E fumava muito, também.

– Três vícios! – eu disse, surpreso.

Annemarie enviou-me seus pensamentos. *Sim, eu posso ouvir você*, ela respondeu telepaticamente. Em seguida, encaminhou-se para onde as filhas estavam e abraçou-as.

– A mãe de vocês reconhece que estão aqui. Ela está falando sobre as joias. Vocês estão usando as joias dela?

– Sim, eu estou usando um de seus anéis – Barbara respondeu. – Ela está bem?

– Sua mãe está dizendo que levou os vícios com ela quando morreu. Ela sabe agora quanto eles eram prejudiciais a vocês. Primeiro, ela se viciou em juntar coisas, a seguir, em beber e fumar. A mente ficou um pouco desequilibrada, e ela se tornou uma prisioneira dentro da própria casa.

– Ela continua viciada nessas coisas lá? – Barbara perguntou.

– Não. Ela diz que faz parte de um grupo de terapia. Que, no início, passava os dias num lugar mais baixo, mais escuro e assustador, onde havia pessoas como ela. Muitos bêbados e outros que sofrem por causa de vícios terrenos estão sendo desintoxicados lá.

– Não pudemos lhe dizer adeus antes de ela morrer. Tivemos uma briga muito séria, porque tentamos fazer com que a casa fosse interditada por causa do risco de incêndio. Com as coisas que ela juntava, mais o cigarro e a bebida, achávamos que corríamos o risco de morrer queimadas. Ela ficou uma fera conosco. Nós realmente nos sentimos mal em relação àquilo – Barbara disse, com os olhos cheios de lágrimas.

– Sim. Queremos dizer a ela que ainda a amamos, apesar de tudo – acrescentou Deborah.

– Sua mãe lastima muito o que fez vocês passarem. Está dizendo que sente falta do seu pai. Ele está em outro lugar. Seu pai gostava de estudar e está em paz agora. Ela sente falta da presença dele.

Em seguida, recebi outras informações de Annemarie.

– Sua mãe está dizendo que se sentiu muito mais livre quando finalmente se entregou. Ela faz parte de um grupo de guias espirituais. Eles se movem pelo plano terreno e trabalham com jovens em bares e clubes tentando convencê-los a largar o fumo e a bebida.

– Que bom para você, mamãe! – Deborah e Barbara exclamaram ao mesmo tempo.

Os vícios muitas vezes aparecem nas minhas sessões. São inúmeras as pessoas "viciadas" em alguma coisa. O mundo espiritual diz que a Terra é o lugar dos vícios e que um dos motivos de muitos decidirem voltar é a possibilidade de se libertarem desses comportamentos viciadores. É também verdade que os espíritos insistem muito para que nos curemos dos vícios enquanto estamos no plano terreno. Se não fizermos isso, levaremos esses vícios para o mundo espiritual, como aconteceu com Annemarie. Nosso espírito não pode progredir enquanto nossa mente estiver presa a vícios terrenos. Por fim, o desejo pelo vício se extinguirá no espírito. Mas, se for tratado na Terra, ele será um assunto não resolvido a menos a nos prender.

# OITO

# Escolhendo o caminho da ética

"Escolha o caminho da ética" foi uma frase que ouvi de Manly Palmer Hall em sua palestra na Philosophical Research Society, em Los Angeles, em 1986. Hall foi um dos grandes filósofos modernos do século XX. Escreveu centenas de livros sobre espiritualidade que são, na maioria, considerados clássicos na comunidade dos novos pensadores. Quando o ouvi falar, foi como se um amigo me entregasse uma chave para abrir a porta da perspectiva correta. As palavras dele me ajudaram a não ficar preso nas pequenas coisas do ego que pouca importância têm no esquema maior.

Essa teoria foi mencionada por minha grande amiga Lisa, que acho que é um anjo disfarçado. Estávamos falando sobre a vida, e eu disse a ela quão aborrecido estava com as pessoas da comunidade de Hollywood.

– Elas não têm respeito ou compreensão – comentei, desanimado. – São capazes de derrubar qualquer pessoa por causa de um dólar.

Lisa me olhou nos olhos com ironia e disse:

– Sempre escolha o caminho da ética, James. Há menos trânsito lá.

Ela estava com a razão. Eu sabia que aquilo que me incomodava em relação a Hollywood era insignificante. Era o meu ego que estava ofendido. Eu estava aborrecido com o fato de as pessoas não terem consciência de suas responsabilidades espirituais.

Todos ficamos frustrados com aquilo que não podemos controlar ou quando achamos que os outros estão nos usando em benefício próprio. Se pudéssemos ver essas situações por outro ângulo, nos sentiríamos menos frustrados ao longo do caminho da vida. Pode ser extremamente difícil nos concentrarmos em coisas boas enquanto coisas ruins estão acontecendo em nossa vida, mas se pudéssemos prestar atenção à nossa verdade e ao nosso propósito, nossa vida fluiria com mais facilidade. Com o tempo, nos tornaríamos seres humanos mais saudáveis, mais produtivos e espiritualmente conscientes.

Portanto, como fazer para escolher o caminho da ética? Em primeiro lugar, precisamos descobrir o que nos impede de optar por esse caminho. Sugiro que você encontre um tempo e vá para um lugar calmo, em que não seja perturbado, para examinar as suas reações recentes às situações da vida.

Você demonstra pessimismo imediatamente? O pensamento negativo limita a sua perspectiva? Você tem ideias pessimistas? Você se dá conta da sua maneira destrutiva de pensar, como "Ele nunca vai gostar de mim. Não sou bonita", "Pouco me importo com o que eles acham. Eles são estúpidos"? Você percebe que pode haver uma maneira positiva de lidar com as situações?

Você tende a fazer suposições e a tirar conclusões sem evidências que as corroborem? Não tome uma decisão antes de ter todas as informações sobre algo. Antes de tirar conclusões, pare um momento e afaste-se um pouco da situação que se apresenta. Respire fundo e pergunte a si mesmo: "O que há de positivo nesta situação?" Talvez uma coisa pareça de uma determinada maneira, e a verdade seja outra.

Você limita o seu mundo por causa da baixa autoestima? Se você pensa "Nunca me casarei. Quem iria me querer?" ou "Nunca conseguirei dinheiro", você está criando essa situação limitadora na sua vida.

Você está desanimado? Se você diz a si mesmo "Nada de bom me acontecerá", esse tipo de pensamento o exclui das possibilidades da vida. Se você se sente como uma vítima, a sua vida refletirá a sua paralisante estreiteza de visão. Como eu disse anteriormente, e repetirei muitas vezes, *o medo é limitador, enquanto o amor não tem limites.*

A arrogância é outra maneira de evitar o caminho da ética. Quando você acha que todas as pessoas que o cercam estão erradas e que você é o único que sabe a resposta certa, sua arrogância bloqueia o fluxo de intuição e energia. Você efetivamente colocou antolhos e perderá muito da vida se agir assim.

Você é o único responsável pela maneira como reage a uma situação. Pensar positivamente e conceder à outra pessoa o benefício da dúvida abrem a porta para os milagres. Situações, relacionamentos, empregos, dinheiro e tudo o que você puder imaginar irão surgir das maneiras mais inesperadas – maneiras que o surpreenderão. Quando assume o controle dos seus pensamentos, você está essencialmente escolhendo o caminho da ética.

## UMA MENTE ABERTA É UM CORAÇÃO ABERTO

Para mim, é extremamente difícil transmitir uma mensagem do mundo espiritual a alguém que tenha pensamentos negativos e limitadores, porque o espírito é expansivo. Para que os espíritos nos alcancem, nossa mente precisa estar aberta a todas as possibilidades. O pensamento negativo, o ceticismo e o controle criam restrições, e por isso os espíritos não conseguem tirar de nós a energia necessária para a comunicação. O próximo exemplo mostra como o pensamento destrutivo e o ceticismo fecharam os canais para o apelo desesperado de uma filha.

Perto do fim da minha apresentação para uma plateia em Nova York, um espírito feminino com cerca de 30 anos de idade se manifestou.

– Há uma mulher jovem aqui, e ela está me dando as iniciais J. T. Esse espírito está ligado a alguém aqui?

Após cinco longos minutos um homem levantou a mão e apontou para seu vizinho de cadeira.

– Essas são as iniciais dele.

Eu me encaminhei para o homem que parecia resistente.

– Posso me aproximar do senhor?

– Eu realmente não acredito nesse tipo de coisa – ele respondeu. Apontando para o homem à sua esquerda, disse: – Foi ele que me arrastou até aqui.

– Qual é o seu nome?

– Jake.

– Jake, há uma mulher de pé ao seu lado. Ela está me mostrando um hospital. Ela morreu no Hospital São Vicente. Isso está correto?

– Eu realmente não sei do que você está falando.

Eu podia ver que Jake não queria falar com aquele espírito e que tinha algum problema com ele.

– Ela está me mostrando manchas escuras no sangue. Teve câncer?

– Eu realmente não quero fazer isso – disse Jake.

Eu sabia que, apesar de conhecer o espírito, ele não queria aceitar aquilo. Estava fechado e absolutamente resistente.

– O senhor está muito fechado – eu disse. – Para mim, é realmente difícil me conectar com o mundo espiritual quando a energia de vocês fica bloqueada. Essa mulher tem muito a dizer, mas o senhor não está lhe dando oportunidade.

As pessoas na plateia se viraram para olhar o homem. Eu podia ver que elas queriam que eu fosse em frente e ajudasse alguém que realmente *desejasse* se comunicar com um ente amado falecido.

– Sabe, Jake, essa mulher quer lhe dizer algumas coisas, mas, se você não se abrir para ela, não posso forçá-lo.

– Sinto muito, mas eu simplesmente não acredito nessas coisas. Se esse espírito feminino, como você diz, quer falar comigo, por que não se comunicou enquanto estava viva?

– Ela é sua filha? – perguntei.

Jake não respondeu. O murmúrio de insatisfação crescia na plateia.

– Sua filha diz que ficou no hospital muito tempo. Ela tentou telefonar, mas o senhor não atendia. Vocês brigaram?

Jake realmente não queria participar, mas, embora fosse difícil para mim, aquele espírito era persistente.

– O senhor pelo menos admite que esse espírito é a sua filha?

– Sim, Cecília era filha dele – disse o homem junto dele. – Ela morreu de leucemia no ano passado.

Pelo menos houve alguma resposta. O espírito usou a energia do amigo de Jake.

– O senhor brigou com Cecília por causa do marido dela, não foi?

Jake ficou em silêncio. O amigo fez que sim com a cabeça.

– Cecília está me dizendo que o senhor ficou zangado porque o marido dela era muçulmano, e o senhor se opunha ao casamento.

– Eu não gostava dele, mas não por ele ser muçulmano – admitiu Jake.

– Sua filha está tentando lhe dizer que o perdoa. Está de joelhos e chorando. O senhor quer dizer alguma coisa para ela?

Jake permaneceu impassível. Eu senti pena do espírito, mas sou apenas o canal. Não posso obrigar as pessoas a fazerem o que não desejam.

Naquele ponto, um espírito guia apareceu. Era uma mulher bonita, vestindo um quimono japonês colorido amarrado com uma faixa. Ela colocou os braços em volta de Cecília e as duas desapareceram juntas. Eu me dirigi a outra pessoa.

No fim do evento, eu estava no fundo do auditório assinando livros quando o amigo de Jake se aproximou.

– O que posso dizer? Jake é teimoso como uma mula.

Alguns meses depois recebi um e-mail de Jake. Ele pedia desculpas por não ter sido mais receptivo. Disse que sentira medo de admitir diante de tanta gente que tinha errado, mas que queria me agradecer por ter transmitido a mensagem de sua filha.

É importante entender que, quando seus pensamentos são dominados por seus sentimentos, como no caso de Jake, você não consegue ver as coisas como são na realidade. Jake reagiu com seus sentimentos. Em vez de reconhecer a presença da filha, ficou preso ao pensamento e ao preconceito contra o genro, orgulhoso demais para admitir que cometera um erro. Perdeu, assim, uma preciosa oportunidade de reconciliação.

Uma das coisas mais difíceis de aprender é que não podemos controlar as ações ou as motivações das outras pessoas. Embora eu não pudesse fazer nada para que ele mudasse de ideia, a teimosia de Jake me deixou frustrado. Por ironia, em alguns aspectos, as melhores coisas do meu trabalho são também as piores. Por ser sensitivo, posso ver claramente as pessoas que não estão sendo honestas e abertas. Julgá-las é uma maneira fácil de me desvencilhar, mas não é a maneira correta de proceder. As pessoas são como são, e não posso controlá-las. São inúmeros os que me afirmam que não acreditam no que faço, ou na vida após a morte. Digo-lhes, assim como digo a mim mesmo, que cada um vive a própria realidade. Os céticos acham que estão certos, e eu preciso aceitar esse fato e compreender que sou responsável apenas pelos meus próprios passos neste planeta.

## UMA ALMA GENTIL

Uma das descobertas mais esclarecedoras que fiz através da minha mediunidade veio como total surpresa. Ela acabou com a crença de que, depois da morte, uma pessoa adquire total conhecimento e percepção do Universo. Essa ideia não poderia estar mais longe da verdade. Muitos espíritos relataram que continuam aprendendo coisas novas, principalmente ao observarem seus entes queridos na Terra. Os espíritos estão sempre observando nossas reações às várias situações da vida e adquirindo novos conhecimentos.

Enquanto estava escrevendo este livro, me pediram para fazer uma demonstração num evento em um cassino em Reno. Era a minha primeira vez num ambiente desse tipo, por isso eu estava cético. Ao entrar no cassino, me surpreendi não apenas com a fumaça que saía pela porta aberta, mas com o número de espíritos presos à Terra que perambulavam pelo recinto. Eles se acoplavam a hospedeiros inconscientes que não paravam de apertar os botões das máquinas caça-níqueis. Imediatamente me senti como um estranho e pensei comigo mesmo: "Não tenho como trabalhar aqui." A energia daquela atmosfera mediúnica poluída tornava quase impossível expandir a consciência daquele público. No entanto, a acolhida que tive no evento foi ainda mais surpreendente. As pessoas estavam receptivas e felizes com a minha presença e prestavam a maior atenção em todas as minhas palavras. A reação sincera delas me desarmou.

No início, fui atraído para um espírito que parecia ser novo no mundo espiritual, porque, ao sintonizá-lo, ele me pareceu ter morrido havia pouco tempo. Ele mesmo me disse: *Sou novo aqui.* Estava em pé ao lado de um homem com longas costeletas grisalhas e rabo de cavalo, sentado na extremidade esquerda do auditório.

– O seu nome é Mason?

– É, sim, mas você pode me chamar de Mace.

– Seu irmão está aqui. Ele parece novo no mundo espiritual. Ele morreu recentemente?

– Sim, há cinco meses – Mace respondeu.

– Ele está descrevendo o próprio funeral. Ficou feliz ao ver todos os amigos lá. Está me dizendo que havia muitos membros da família à espera dele no outro lado.

– Nós pertencemos a uma família bem grande. Fico contente em saber que eles estavam lá para recebê-lo.

– Estou recebendo a letra P.

– O meu irmão Peter – Mace respondeu.

– Peter lhe agradece por ensinar-lhe a lidar com as pessoas.

– Pete nunca concedia aos outros o benefício da dúvida.

– Você lhe ensinou a ser gentil e atencioso. Ele não sentia compaixão pelos outros.

– É verdade. Ele era bastante duro.

– Há todo um grupo de pessoas aqui agora. – Eu podia ouvi-las. – Estão me dizendo que jogavam bridge com você. Seus amigos sentem o seu amor e o visitam frequentemente.

– Ótimo! Diga que sinto saudades deles.

– Eles o ouvem, Mace. Um deles está me dizendo que você é muito místico, mas não num sentido religioso.

– É verdade, não sou muito religioso. Eu sei que as pessoas têm crenças diferentes e por isso respeito a liberdade de escolha. Não vejo razão para julgá-las.

– Elas estão agradecendo. Aprenderam muito com você a entender os outros e deixar de julgá-los.

– Obrigado, amigos. – Mace estava um pouco embaraçado.

– Continue a fazer esse trabalho, ele é benéfico para todos.

A seguir, eu me encaminhei para os demais.

Como você pode ver, a visão positiva, a compaixão e a falta de julgamentos preconceituosos de Mace ensinaram os outros a serem abertos, em vez de obtusos e críticos.

*Mude o seu modo de pensar*

Depois de constatar quais as são suas maneiras negativas de pensar, vamos agora substituí-las pelas positivas. Por exemplo, “Não sou suficientemente bom" pode ser mudado para "Estou melhor a cada dia que passa". Substitua o pensamento "Eu não tenho dinheiro" por "Eu tenho dinheiro suficiente". Você precisa pensar positivamente sobre todos os aspectos da sua vida para atrair coisas positivas para você. Se optar por descobrir benefícios em tudo, criará uma existência muito mais positiva para si mesmo.

Como tudo na vida, mudar o modo de pensar é um processo. Como se trata de um hábito novo para você, tenha paciência, pois a mudança não acontecerá de um dia para outro. Veja isso como um jogo. Todas as vezes que se pegar com um pensamento negativo, substitua-o por um positivo. Após cerca de um mês fazendo isso conscientemente, você notará uma melhora expressiva. O positivo atrai mais positivo.

Há muitos anos eu comecei um esforço consciente para me livrar de pensamentos negativos e de toda a negatividade na minha vida. A primeira coisa que notei foi o afastamento de certos amigos e a substituição deles por indivíduos mais positivos e carinhosos. Quando você começa a pensar de maneira mais positiva e estimulante, todos os aspectos da sua vida mudam. Enquanto estiver investindo para mudar o modo de pensar, estabeleça algumas metas para si mesmo. Seja o mais específico que puder. Não importa quanto uma ideia pareça inaceitável, persista nela. Veja a sua meta como se já a tivesse alcançado.

Quando comecei a pensar mais positivamente, decidi que estava na hora de fazer uma lista de metas para mim mesmo. Eu morava em Los Angeles naquela época e decidi sair da cidade para poder pensar com mais clareza. Fui para a estação rodoviária de Santa Mônica e entrei num ônibus que ia para Santa Bárbara. Ao chegar, entrei numa papelaria e comprei um diário. Depois fui até a praia, sentei na areia e fiquei curtindo a beleza da paisagem. Comecei então a fazer uma lista de metas que queria alcançar nos 15 anos seguintes. Uma delas era estar na lista dos autores mais populares do *New York Times* e atingir o resto do mundo com meus ensinamentos. Outra era possuir minha própria casa. Ambas as metas se concretizaram, além de cerca de outras oito, nos 15 anos seguintes. O importante é sermos positivos e abertos. Não tente controlar a maneira como o Universo lhe trará as suas metas. Simplesmente entregue tudo nas mãos de Deus, sabendo que as coisas lhe serão dadas no tempo divino e correto.

*Diga que está arrependido*

Ter consciência do seu modo de pensar e retirar a negatividade dos seus pensamentos e da sua vida são condições fundamentais para entrar no caminho da ética. Mas, se você se agarrar à intransigência e não se mostrar disposto a perdoar e pedir desculpas, estará afundando os seus alicerces na areia. Para apreciar o esplendor que o aguarda, você precisa curar sentimentos não esquecidos e mágoas não verbalizadas. Você precisa aprender a *pedir desculpas.*

Um elemento crucial para se dar bem com as pessoas é ter a capacidade de dizer que está arrependido. Eu descobri que, nas ocasiões em que não fui muito sincero, meu comentário foi mal interpretado e a pessoa se ofendeu. Você nunca sabe como o outro reagirá àquilo que você faz, ou que sentimentos serão desencadeados pelo que você diz. O resultado da soma de pequenas coisas pode ser alto. As pessoas guardam ressentimentos, e os ressentimentos acumulados se transformam em conflitos. Se estiver claro que você ofendeu alguém, peça desculpas imediatamente. Já fiz isso muitas vezes, porque não quero que ninguém interprete erroneamente o que eu disse ou fiz.

Como saber em que áreas da sua vida um pedido de desculpas deve ser feito? Isso requer outro tipo de avaliação:

- Você acha difícil manter um relacionamento por causa de assuntos relacionados à confiança?
- Amigos ou membros da família estão lhe procurando menos do que costumavam fazer?
- Você está sempre se lembrando de ofensas passadas?
- Você tem rompantes de raiva por coisas insignificantes?
- Você já teve a sensação de não estar sendo ouvido ou de que ninguém o entende completamente?
- Você acha que bebe ou usa drogas para escapar de confrontações?
- Você acha que a sua vida perdeu o sentido?

Se você respondeu sim a qualquer uma das perguntas acima, é possível que existam pessoas a quem você deve pedir desculpas. Você pode perguntar a algumas se ficaram ofendidas com algo que você disse ou fez. Às vezes a pessoa pode até afirmar que "Está tudo bem", mas depois de alguns meses você percebe que ela parou de procurá-lo. Ela não foi honesta com você e obviamente não teve coragem de lhe dizer a verdade. Essa é uma situação difícil, mas as pessoas têm os seus motivos, e não há muito que você possa fazer. Apenas seja fiel a si mesmo e procure fazer as pazes.

Faça uma lista com os nomes das pessoas que, na sua opinião, devem receber um pedido de desculpas – as que estão magoadas ou aborrecidas com você. Ao lado de cada nome escreva a ofensa feita e o motivo para o pedido de desculpas. Se você não sabe ao certo se deve pedir desculpas, pergunte à pessoa se houve algum problema entre vocês e veja se há uma maneira de desfazer o mal-estar.

Pedir desculpas não é fácil. Muitos sentem vergonha ao admitir que magoaram ou ofenderam alguém. Às vezes nosso orgulho pode interferir, e ficamos sem saber como agir. Vou lhe dar algumas sugestões.

Em primeiro lugar, você precisa admitir para si mesmo que ofendeu alguém. Como isso pode não estar óbvio para você, talvez valha a pena examinar a reação da outra pessoa. O importante é assumir a responsabilidade pela ofensa.

Deixe claro que o seu pedido de desculpas é sincero. As pessoas sentem se você está ou não dizendo a verdade. É importante afirmar quanto você lastima ter ofendido e reconhecer que as suas ações criaram um problema para a outra pessoa.

Demonstre o seu arrependimento. Se começar justificando as suas ações, o pedido de desculpas não parecerá sincero. A outra pessoa precisa saber que você de fato sofreu por causa do que fez e que está arrependido.

Você também precisa demonstrar que está disposto a mudar e a reparar o dano que causou. Por exemplo, se você fez algum comentário que causou prejuízo a alguém, é fundamental desmenti-lo.

Por último, esteja preparado para o fato de o seu pedido de desculpas não ser aceito. Apesar de ser frustrante, isso é menos importante do que ter dito a verdade e ter sido sincero em suas palavras e seus sentimentos. Tenha consciência de que você não pode controlar a maneira como a outra pessoa reagirá ao seu pedido de desculpas e que é preciso estar preparado para enfrentar essa rejeição.

Se você achar que não tem condições de pedir desculpas pessoalmente, procure outras formas possíveis, mas eficazes.

Telefone para a pessoa. Alguns se sentem muito mais confortáveis quando não estão cara a cara. A maioria dos pedidos de desculpas feitos por telefone obtém sucesso, porque há uma distância entre você e a outra pessoa. Esse método é necessário quando vocês estão em cidades diferentes, mas também quando você acha que pode haver uma reação agressiva.

Outro método que ensino a *todos* os meus clientes é escrever um cartão ou uma carta expressando seu arrependimento. Como a outra pessoa sabe que você se deu o trabalho de parar, pensar sobre o assunto e então escrever sobre o que aconteceu, a chance de ela achar que você está sendo sincero, e por isso aceitar o seu pedido de desculpas, é maior. Lembre-se de que aquilo que você escrever pode ser lido e relido pela pessoa ofendida ou por outras. Isso não tem importância, porque, se alguém ler, ficará sabendo que você assumiu a responsabilidade por suas ações e escolheu o caminho da ética.

Admitir o erro e pedir desculpas ajudam muito o seu desenvolvimento como um ser humano espiritual. Não tenho como lhe dizer quão poderoso é o efeito que esse ato produz nos vivos e nos mortos.

## A CARTA

A história seguinte aconteceu há alguns anos, quando eu ainda fazia sessões particulares. Um homem jovem, Jeffrey Slazak, chegou para a sua consulta em minha casa em West Hollywood. No início ele parecia bastante perturbado, mas eu esperava que os espíritos pudessem se manifestar.

– Estou realmente ávido por uma opinião – disse ele.

Após minha oração introdutória, vi uma mulher em pé, atrás do ombro direito dele. Eu sabia que devia ser sua mãe.

– Jeffrey, há uma mulher aqui. Acho que é sua mãe. O nome dela é estranho, parece um nome de homem. Robert, Rob, algo assim.

– Roberta, mas todos a chamavam de Bobbi.

– Ela está com a mãe e o pai dela, os seus avós. Parece perturbada com alguma coisa, e está muito contente por você ter vindo aqui hoje.

– Eu pude senti-la por perto durante toda a manhã. Provavelmente é por isso que estou tão ansioso.

– Ela está dizendo que deixou a Terra ainda ressentida com a irmã que sentia ciúme dela.

– Sim. É isso aí! Eu obviamente fiquei do lado da minha mãe. Eu não falo com minha tia, meu tio e meus primos desde a morte de minha mãe.

– Sua mãe diz que estava errada. Ela cometeu um erro terrível e quer que você faça reparações por ela.

– Eu não estou numa situação confortável agora. Não sei se conseguiria encarar meus tios. Diga a ela que tentarei, mas que não estou prometendo nada.

– Eu sei que é difícil pedir desculpas, especialmente porque não foi você que brigou. Mas sua mãe está implorando. Ela quer que você escreva uma carta a sua tia dizendo quanto ela está arrependida. Sua mãe acha que, para você, será mais fácil escrever essa carta. Sem um pedido de desculpas, ela não pode sair do plano espiritual onde se encontra. Está me dizendo que está presa num determinado plano e que não pode passar para um plano superior enquanto não houver essa reconciliação.

– O.k., vou pensar sobre isso.

Continuei a consulta por mais 20 minutos. A mãe e os avós de Jeffrey expressaram seu amor por ele. Quando acabou, Jeffrey se sentia muito mais calmo.

Um ano depois encontrei Penny, a pessoa que me indicara a Jeffrey.

– Você fez maravilhas pelo Jeffrey – ela disse. – Ele ficou muito sensibilizado com tudo o que você disse, especialmente com as coisas que a mãe dele disse sobre a irmã. Ele escreveu uma carta para a tia, pedindo desculpas pela mãe e por ele mesmo, mas a carta voltou intacta. Alguns meses depois, ele estava indo de carro para a loja quando um cão perdido atravessou correndo na frente do caminhão dele. Jeffrey conseguiu parar a tempo, recolheu o animal e telefonou para o número que estava na coleira do cachorro. Sabe quem era o dono?

– Quem? – perguntei impaciente.

– A filha da tia dele.

– Você está brincando – exclamei.

– Espere! Tem mais – ela continuou. – Quando ele foi devolver o cachorro, encontrou a tia. Na casa havia uma festa de aniversário.

– Impressionante.

– Jeffrey falou da carta que tinha escrito, mas a tia não a recebera. Ela disse a Jeffrey quanto lastimava ter deixado as coisas chegarem àquele ponto com Bobbi e que queria colocar um ponto final naquela situação. Ele lhes contou sobre você, e a tia ficou muito feliz com as notícias da irmã dela.

– Fico muito contente por saber disso. Agora Bobbi pode ir em frente.

– Tem mais – Penny acrescentou. – Jeffrey contou à tia que estava desempregado havia seis meses. Ela indicou uma pessoa que estava procurando um profissional e arrumou um emprego para ele.

Todos nós podemos nos transformar. Coisas bonitas acontecem quando pedimos desculpas, perdoamos e escolhemos o caminho da ética. É nesse momento que a cura verdadeiramente tem início. Faça alguma coisa "ética" hoje. Comece abrindo uma porta ou segurando o elevador para alguém. Agradeça ao garçom, ao motorista do ônibus ou do táxi, mesmo que não esteja com vontade de fazer isso. Comece a elevar a sua consciência e descubra Deus em todas as pessoas que encontrar. Quanto mais você se aproximar da sua conexão com o Eu Superior das outras pessoas, mais perto estará da compreensão da verdadeira natureza espiritual delas. E, como consequência, o caminho de todos ficará mais desobstruído e fácil de ser percorrido.

# NOVE

# CLAREZA DE CONSCIÊNCIA

Já tinham se passado várias semanas e eu continuava sem compreender meu sonho. Não conseguia reter na memória qualquer coisa que tivesse a mínima conexão com ele. E então, após dois dias de constantes pedidos ao Universo, finalmente aconteceu! Às quatro horas da manhã, fui ao banheiro, voltei para a cama e caí num sono muito profundo. Lembro-me nitidamente da sensação de familiaridade que experimentei todas as vezes que tive aquele sonho. Eu me vi olhando para vários quadros de flores pintados a óleo, depois para um com uma paisagem e, a seguir, para um terceiro, com colinas da Califórnia. Eu conhecia aqueles quadros! Eu os tinha visto antes. Mas onde? Foi então que me dei conta de que aquelas eram as mesmas imagens que tinham aparecido no sonho de semanas antes.

Naquele primeiro sonho, eu as vira do lado de fora da janela de um hospital, e logo a seguir tinha me sentido puxado para outro local. Agora eu estava numa loja de objetos usados e os quadros se encontravam entre os vários itens à venda. Olhei para a direita, para a esquerda, e vi algumas joias incríveis – pulseiras, brincos e uma coleção de bijuterias. Todas me pareciam muito familiares, como se eu já as tivesse segurado nas minhas próprias mãos.

Então o nevoeiro se dissipou e veio meu momento de clareza. Olhei em volta do quintal e para dentro da garagem. Havia várias pessoas andando de um lado para outro. Uma mulher baixa de cabelos escuros virou-se e sorriu para mim. Seus olhos eram de um verde intenso, e seu sorriso iluminou todo o ambiente. Ela se moveu na minha direção e buscou minha mão.

– Oh, James! – ela disse.

Diante de mim estava uma amiga muito querida que tinha morado algumas casas adiante da minha. Ela morrera alguns meses antes. Foi tão real que pulei da cama, exclamando "Violette!".

Quando alguém próximo morre, pensamos na nossa própria morte, o que nos leva a refletir seriamente sobre quem somos e para onde vamos. A morte de Violette tinha produzido esse efeito em mim.

O que é a vida? Quem é você? Como descreveria os seus traços de personalidade, sua educação, seu trabalho, sua experiência de vida e a situação que está vivendo? Isso engloba *você* todo? Quando nos olhamos no espelho e vemos nossa imagem refletida, podemos achar que aquela pessoa somos nós. Mas você vê o corpo com a sua mente, o que significa que existe um elemento mental além do físico. Você pode raciocinar, racionalizar, ler, escrever e tomar decisões. Por ter consciência dessas habilidades, você é ainda mais do que imagina ser. Você é a própria consciência. Você tem consciência de que está *consciente*.

É interessante o fato de as pessoas acharem que seus entes queridos que já morreram estão *mortos*. Na realidade, os nossos "parentes mortos" estão mais vivos do que nós. Os espíritos se encontram num novo patamar de consciência, de uma percepção que não tinham na Terra. Já ouvi milhares de espíritos me dizerem: *Vocês nos chamam de mortos? Quase todos vocês são mortos-vivos! Vocês não têm nenhuma percepção do mundo que os rodeia nem do que existe dentro de vocês.*

Muito frequentemente atravessamos a vida ocupados com mil atividades. Ficamos completamente envolvidos com o fazer, o ter e produzir, em vez de *ser*. Nossa vida é composta por séries de rotinas. Vamos para o trabalho, comemos, ganhamos dinheiro, voltamos para casa, comemos e vamos dormir. No dia seguinte, a rotina se repete.

Nossa mente está atulhada de projeções e julgamentos de outras pessoas, a maioria baseada no medo. É difícil saber quem somos quando estamos vivendo as projeções conscientes e inconscientes de nossos pais, de nosso cônjuge, da nossa igreja, da cultura e da mídia.

Sim, todos nós queremos ser amados e agradar os outros. No entanto, não deveríamos conseguir isso à custa da nossa própria dignidade e da visão que temos de nós mesmos. Estamos dispostos a nos curvar para satisfazer as expectativas e as projeções de outras pessoas. Nós nos preocupamos com o passado e com o futuro, apesar de essas duas coisas não existirem de fato. O passado e o futuro são meros conceitos. A única coisa sobre a qual temos controle é o *presente*. A vida é composta de momentos, e somos responsáveis por cada um deles. Podemos preenchê-los com *coisas* ou usá-los para adquirir mais consciência de nós mesmos e do mundo em que vivemos. Precisamos ultrapassar nossa mera existência para *vivermos* de fato. Quando nos dedicarmos à exploração de quem verdadeiramente somos, abriremos os vários níveis da nossa consciência e logo descobriremos que somos muito mais do que aparência e vida física, porque o físico é meramente a ponta do iceberg.

Os espíritos falam incessantemente sobre o maior erro que cometeram enquanto viviam na Terra: não perceber que o corpo físico era uma simples morada para sua alma, e que sua alma existia além de seus cinco sentidos. Eles desejam muito nos ajudar a compreender o valor do *pensamento*. É através de nossos pensamentos que o mundo pode ser preenchido com encanto ou desespero. Nossos pensamentos comandam tudo na vida. Imagine o pensamento como o maestro da sinfonia da vida. Você quer Mozart ou algumas notas de uma canção insignificante? Você só precisa de alguns momentos por dia para aprender a usar a mente da maneira correta.

Outra coisa que os espíritos perceberam no lado espiritual da vida é que a realidade de Deus é muito diferente da que lhes foi ensinada enquanto estavam na Terra. Nossos sistemas de crenças religiosas são muitas vezes agrupados sob o rótulo muito abrangente de "espiritualidade". Para mim, religião e espiritualidade são dois conceitos muito distintos. Uma pessoa religiosa não é necessariamente espiritualizada, e uma pessoa espiritualizada não é necessariamente religiosa. Espiritualidade é a maneira como alguém *expressa* seu próprio espírito. Religião é um conjunto de regras e restrições *impostas* ao espírito de um indivíduo. A primeira é natural e infinita; a segunda é uma criação humana e é finita.

Dependendo do espírito e do sistema de crenças que ele seguia enquanto estava na Terra, vários comentários interessantes sobre Deus são feitos: *Eu sinto Deus em todos os lugares. Deus está em tudo o que vemos e tocamos. Sinto a presença de Deus em todas as pessoas que encontro.* Os espíritos compreendem que Deus não é alguém situado numa localidade geográfica diferente, mas uma energia onipresente, uma consciência que permeia tudo e todas as pessoas.

### *Meditação e oração*

Na verdade, Deus é uma realidade multidimensional muito parecida com as ondas eletromagnéticas que cortam o espaço. Imagine-se em pé numa praia observando os raios de sol dançando na água e iluminando o fundo do mar. A consciência multidimensional de Deus é como o sol na água. A energia dele permeia tudo dentro de nós e à nossa volta.

O nome que você dá a Deus – Jeová, Alá, Ishvara, Tao, Grande Espírito ou Jesus – é absolutamente irrelevante porque, na verdade, existe apenas o Ser Superior. Aqueles que buscam Deus e desejam ter um relacionamento com ele precisam procurá-lo apenas dentro do coração. Como podemos chegar a esse mundo interior? Como muitos sábios já relataram, isto é conseguido tranquilizando a mente por meio da oração e da meditação.

A oração é uma das melhores ferramentas que possuímos. É orando que podemos transcender o físico e conectar a mente ao coração. Direcionamos nossos pensamentos e desejos para a força, para a única fonte que representa toda a vida. Você não precisa estar num edifício especial nem realizar um determinado ritual para falar com Deus. Deus está em todos os lugares. Deus é infinito.

A oração pode assumir qualquer forma que você queira. Ao rezar, simplesmente reconheça a verdade que se encontra dentro do seu coração. Ao compreendermos que Deus reside em nosso coração, reconhecemos que essa consciência já sabe o que precisamos. Quanto mais consciência tivermos, mais perceberemos que tudo acontece por um motivo. Sofrimentos, doenças, desastres, fome, pragas, vírus e tudo mais são lições que as almas precisam assimilar enquanto percorrem seu caminho divino.

A melhor maneira de rezar é feita com altruísmo. Rezar pelos outros produz uma sensação agradável em nós. A oração pelos outros afasta a energia do nosso ser egocêntrico e a redireciona para o próximo. Ao darmos ao próximo, damos a nós mesmos. Eu costumo dizer às minhas plateias que quando rezamos com sinceridade e humildade é como se estivéssemos enviando amostras de amor incondicional para o mundo.

Se você quer saber o que veio fazer na Terra, como ser amoroso ou como atravessar uma situação difícil, minha resposta é sempre: *medite*. Há uma diferença entre rezar e meditar. Quando rezamos, estamos pedindo alguma coisa, e quando meditamos, estamos ouvindo a resposta. A meditação pode ser formal ou informal. Na meditação formal você segue um ritual, como sentar numa determinada posição, manter os olhos fechados, recitar um mantra, etc. A meditação que flui livremente não tem requisitos – você não precisa nem mesmo fechar os olhos. Eu pratico um pouco de ambas. Formalmente, uso uma meditação guiada que elaborei ao longo dos anos para me levar ao centro do meu coração. A outra maneira que uso para meditar é concentrar-me ao regar o jardim, fazer um arranjo de flores, contemplar o mar, ler um livro ou pintar um quadro. Todas as formas de meditação têm uma coisa em comum – elas acalmam a mente agitada.

O objetivo da meditação não é necessariamente nos forçar a eliminar as distrações de nossa mente. Em vez disso, nos damos conta das distrações que desviam nossa concentração e as deixamos ser o que são. Digamos que, ao se sentar para meditar formalmente, sua cabeça fique o tempo todo ocupada pelos problemas que está enfrentando ou pelo que vai comer no jantar. Existem também as distrações externas, como a sirene de uma ambulância ou um programa de TV na casa vizinha. Reconheça e aceite que essas distrações existem e desapegue-se delas. Quanto menos julgá-las e menos poder lhes atribuir, mais facilmente conseguirá entrar num estado de tranquilidade. Não tente controlar as distrações, pois isso o prende a elas.

Com uma prática meditativa contínua começaremos a ver o quadro mais amplo da existência, bem como nosso lugar no mundo, e a obter um controle maior sobre nossas vidas. Começaremos também a reconhecer o centro do nosso ser – o nosso verdadeiro eu (em oposição ao eu do ego).

A meditação nos ajuda a reconhecer nossa conexão com o amor. Quanto mais meditamos, mais obtemos uma percepção maior de Deus/Amor. Quando meditamos, vemos nitidamente o que nos impede de ter essa consciência do amor. Aprendemos como as pesadas energias do medo, da ganância, da raiva, do ciúme, da violência e da inveja tendem a nos separar da verdade e nos impedem de viver plenamente a vida que nos realiza como seres espirituais que somos.

Com uma visão mais elevada da vida, vemos quanto podemos ser mesquinhos e como nossa mente é capaz de nos aprisionar. Vemos como o fato de nos agarrarmos ao passado impede que aproveitemos o presente e que o futuro floresça. Vemos principalmente como o medo é o verdadeiro culpado. Quando banimos o medo que polui a mente, descobrimos que o amor está ao nosso alcance e disponível para solucionar os problemas. Além disso, compreendemos as lições imprescindíveis que as situações dolorosas nos proporcionam. Vemos claramente as opções que seriam mais benéficas para o crescimento de nossa alma e a alegria que elas trariam aos outros. Por fim, passamos a ter uma profunda consciência da nossa conexão com as pessoas e de como nossos pensamentos produzem efeitos que afetam os outros de maneira positiva e negativa.

## EU ENCONTREI DEUS

A sessão que descrevo aqui foi realizada na minha casa. Um amigo padre estava muito infeliz e pensando seriamente em abandonar o sacerdócio. Eu não sabia ao certo se as mensagens que chegariam seriam as que ele desejava escutar. Mas, como sempre faço, pedi orientação aos meus guias espirituais, fiz uma oração e entreguei o resto a Deus.

Fechei os olhos e, de repente, senti uma presença forte na sala. Era a de uma freira.

– Warren, há uma freira aqui. Ela tem o coração cheio de amor.

– Eu posso senti-la – ele respondeu.

– Ela está me dizendo que o ama.

– Eu sei. Eu a amo também.

– Quem é Margaret? – perguntei.

– A irmã Mary Margaret. É ela.

– Ela está dizendo: *Siga o seu coração.*

De repente, outro espírito se materializou. Era o de um homem pequeno e robusto vestindo uma batina.

– Há outra pessoa aqui, Warren. Ele se parece com um padre, embora esteja usando vestes mais coloridas.

– Deve ser o monsenhor Egan.

– Ele diz que não entendeu o que aconteceu após a morte dele.

– Não compreendo – reagiu o padre Warren. – Ele era muito religioso. Tenho certeza de que foi direto para o céu.

– Ele está dizendo que não aconteceu nada daquilo que ele esperava. Não havia santos para recebê-lo, o céu não era como ele imaginava. Ele esperava um coro angelical e Jesus, mas não houve nada disso.

O padre Warren me olhou como se atingido por um golpe.

– O que ele quer dizer com isso?

– Ele está dizendo que não recebeu nada daquilo que a Igreja tinha dito que ele encontraria. A verdade é que ele acabou no mesmo lugar para onde teria ido praticando a oração e a contemplação. Ele não está no céu que imaginava.

– Isso é impossível – o padre Warren exclamou. – Somos padres. Servimos a Jesus e à Igreja. Pregamos que o céu é o lugar dos justos após a morte. Como é possível que o céu não exista?

– O monsenhor *está* no céu, só que o céu não é um lugar como o senhor imagina – eu disse. E acrescentei: – O céu não fica lá em cima. O céu é o lugar onde o padre Warren se encontra. Deus não está fora dele. Deus está dentro dele.

– Não estou certo de que acredito em você, James.

Levei alguns segundos para esclarecer meus pensamentos com o monsenhor.

– O monsenhor está dizendo que, assim como Jesus, nós subimos aos céus apenas quando entramos dentro de nós e descobrimos nosso verdadeiro eu. Ele pede que lhe diga que o senhor é um bom padre. O senhor abriu o coração de muitas pessoas e as fez pensar sobre a verdade de suas almas. Ele está lhe pedindo que não desamine. Sabe que o senhor é um rebelde, mas que a Igreja precisa de rebeldes para ajudá-la a mudar e avançar.

Aquela sessão deve ter sido uma experiência muito esclarecedora para o padre Warren. Ele me telefonou algumas semanas depois dizendo que tinha decidido continuar no sacerdócio.

– Sabe, James, no início não acreditei muito naquilo que você disse. Então rezei durante muito tempo. Eu podia ouvir monsenhor Egan falando comigo. Percebi que as minhas ações eram motivadas pelos padrões que me ensinaram. Eu não estava feliz com aqueles padrões.

Agora me sinto livre para ser quem sou e para andar conforme o meu próprio ritmo, mesmo que não seja exatamente a maneira que aprendi com a Igreja. O importante para mim, agora, é ensinar as pessoas a confiar nelas mesmas e a ouvir Deus dentro do coração.

Como o padre Warren aprendeu, se quisermos ver Deus precisamos procurá-lo dentro de nós. Quando nos desapegamos das ilusões do mundo físico nos tornamos livres para ver o mundo com os olhos do coração. Milhares de espíritos me disseram que a morte deles foi um presente para seus entes queridos que deixaram na Terra. A tristeza e o sofrimento fizeram com que essas pessoas começassem uma jornada espiritual interna. Sem vivenciar a morte de um ente querido, os membros de uma família talvez só vejam o que há dentro de seus próprios invólucros físicos. Eles ficam presos ao mundo da ilusão, sem jamais questionar o que existe além dele. A presença de entes queridos já falecidos traz aos que ainda estão vivos o desejo de explorar o que existe além do mundo físico e de chegar a um lugar dentro deles que lhes satisfaça a alma.

### *Atento ou desatento?*

Quando começamos a ter consciência de nós mesmos e do ambiente que nos cerca, passamos a viver com *atenção*. A atenção é uma maneira de ver o mundo e a nossa própria vida com uma percepção mais aguçada do momento presente.

Se pensar no seu dia a dia, você provavelmente verá muitas formas de falta de atenção. Por exemplo, ao constatar que a conta do cartão de crédito está muito mais alta do que esperava, é possível que pense: "Onde é que eu estava com a cabeça?" Talvez você esteja vivendo um relacionamento que, no íntimo, sabe que está meramente preenchendo algum tipo de vazio. Mais uma vez, você pode se perguntar: "Onde é que eu estou com a cabeça?" A resposta é clara. Se você não presta atenção no que pensa, percebe e sente, se torna uma vítima das circunstâncias. Você se torna o criador de situações que lhe são prejudiciais.

Na demonstração em Reno, o espírito de um homem chegou agitado. Ele tinha morrido num acidente de motocicleta e admitiu ter cometido um grande erro. Não *teve o cuidado* de colocar o capacete antes de pegar a estrada em disparada. A negligência lhe custou a vida. É fácil estar desatento: perder óculos, não saber onde colocou as chaves, deixar a cafeteira ligada, esquecer o aniversário de um amigo especial ou uma data importante, não se mostrar sensível aos sentimentos de outras pessoas e por aí afora.

Quando vivemos rotineiramente, sem prestar atenção, a mente e o corpo entram no modo automático. Reagimos a pessoas e situações com base nos antigos hábitos de perceber, sentir e agir. Vemos como se essas mesmas velhas experiências estivessem acontecendo de novo. Em vez de nos concentrarmos no momento presente, vivemos pensando em alguma outra coisa do passado ou do futuro, e a vida simplesmente *acontece* para nós. Deixamos de estar no comando dos acontecimentos.

A falta de atenção pode ter sérias consequências. Foi certamente isso que aconteceu com o homem que não colocou o capacete. Ao ignorar mensagens do mais profundo do seu ser, você pode deixar de perceber coisas importantes para a sua vida, especialmente aquelas que afetam os seus relacionamentos, a sua saúde e a sua realização. Por exemplo, se o seu corpo está tentando lhe enviar uma mensagem sobre um problema de saúde, enquanto sua mente está ocupada com frivolidades ou funcionando de forma automática, você não percebe os sinais de aviso e pode acabar com uma doença séria.

Recentemente, durante a conversa com uma velha amiga, eu observei: "Muitas vezes me pergunto por que moro perto da praia." De fato, não gosto muito de praia nem de pegar sol. Mas adoro ficar observando os surfistas descendo as ondas. Posso passar horas vendo-os manobrar suas pranchas por cima e por dentro do indomável oceano. É quase uma meditação. Para mim, o surfe é uma analogia da vida. A vida é realmente uma série de atos de equilíbrio. Quando estamos atentos, conseguimos nos posicionar no centro da prancha para que, no momento em que os problemas surgem (como uma onda grande), possamos enfrentá-los com calma, alegria e amor até chegarmos à praia. Sem atenção, deixamos que nossos velhos e habituais comportamentos e sentimentos nos derrubem com a força da onda.

A atenção nos leva a estados de consciência que nos tornam mais livres em nossas escolhas. Quando estamos sintonizados com os níveis de ser mais elevados, os níveis mais baixos da nossa natureza, dos quais não nos dávamos conta, ficam iluminados. Quando reconhecemos os aspectos mais elevados de nós mesmos, naturalmente nos tornamos mais intuitivos, mais criativos e conscientes dos sentimentos dos outros. Nossa visão fica muito diferente. É como se víssemos os que nos cercam a partir de um nível espiritual, e não do meramente físico. Como consequência, portas que até então estavam fechadas se abrem.

## BEM À VISTA

Olhei para a última pessoa a entrar no auditório onde havia pelo menos 500 pessoas. Era uma mulher elegante, mas parecia um pouco atormentada. Sentou-se em silêncio na última fileira e emitiu um longo suspiro de alívio. Comecei a demonstração com uma oração e a seguir falei sobre o mundo espiritual e sobre o número de espíritos que estavam reunidos em volta do prédio onde nos encontrávamos.

– Estou vendo novamente um espírito que se aproximou de mim a noite passada – comecei. – É um homem baixo, de cabelos escuros, e usa um paletó de cor clara. Está segurando um livro vermelho e quer entrar em contato com a filha dele.

A mulher na última fileira levantou o braço.

– Por favor, isso significa alguma coisa para você? – perguntei.

Ela balançou afirmativamente a cabeça, enquanto eu caminhava para o fundo da sala.

– Seu pai está mencionando um livro vermelho. Você sabe o que isso significa?

– Bem, eu sonhei com o meu pai na noite passada, e ele estava me entregando um livro vermelho.

– Obrigado. Seu pai quer lhe dizer que sente muito orgulho de você. Está dizendo que você precisou superar muitas dificuldades na vida e, apesar disso, ainda quer ajudar os outros. Você está compreendendo?

– Sim – a mulher respondeu. – Neste momento estou pensando se devo largar minha carreira numa grande firma e começar a dedicar-me a obras sociais e a ensinar. É por isso que estou aqui. Ouvi falar sobre o seu trabalho e quis ver se poderia contribuir de alguma forma.

– Qual é o seu nome, por favor? – perguntei.

– Chelsea.

– Seu pai está orgulhoso de você e quer ajudá-la. – Chelsea ficou emocionada. Qualquer medo parecia ter desaparecido. – Ele está dizendo que você está certa em escolher esse novo trabalho. Diz que você vai escrever muitos livros.

– É mesmo?! – ela exclamou, surpresa.

– O seu pai é oriental?
– É, sim, ele é da Coreia do Sul.
– Seu pai está tomando conta de você e de seus irmãos. Ele ama muito vocês todos. Esta é a mensagem dele para você, sua mãe e seus dois irmãos. Ele também ama a sua meia-irmã e o seu meio-irmão.
– Eu não tenho uma meia-irmã ou um meio-irmão – ela afirmou.
– Bem, pergunte a sua mãe. Ele está pedindo para você fazer isso. Às vezes não sabemos tudo.
– Eu saberia uma coisa como esta – ela insistiu.
– Bem, transmito o que ele está me dizendo. Ele afirma que esta noite irá mudar a sua vida. Você começará a se ver a partir de uma perspectiva diferente e com uma consciência mais elevada.

Alguns anos após aquele evento recebi uma carta de uma pessoa chamada Shanté. Chelsea tinha mudado de nome e escrevia para descrever o que lhe acontecera depois daquela sessão:

*Prezado James,*

*Na manhã do dia em que fui à sua sessão, ao entrar na cozinha, encontrei minha mãe, que de repente me disse que meu pai tinha me enviado um livro cerca de dez anos antes. Era estranho, porque ela não costumava falar sobre ele. Pedi que ela me desse o livro. Mais tarde, fui à sua demonstração.*

*Ao chegar em casa, contei para a minha família sobre a sua mensagem, e eles sentiram um grande alívio. Eu nunca ouvira falar de uma meia-irmã e um meio-irmão. Perguntei a minha mãe sobre eles, e ela confirmou que temos de fato uma meia-irmã e um meio-irmão na Coreia. Há alguns dias, minha meia-irmã me enviou fotos dos seus filhos e do meu meio-irmão. Chorei ao olhar os retratos, porque eles se parecem muito comigo e com meus irmãos. Eu ainda não os conheci, mas agora todos sentimos um forte vínculo entre nós. Quero lhe agradecer, James, pela confirmação de que me encontro no caminho certo e de que estamos infinitamente conectados a tudo, especialmente ao mundo além do físico. Estou começando a escrever o meu primeiro livro.*

*Shanté*
*Group Retreat Coordinator, Sedona Retreat Center*

Entrei em contato com Shanté e fiquei sabendo que estava deixando a empresa de computadores onde trabalhava como executiva e onde se sentia muito infeliz. A mensagem do pai que eu lhe transmitira a deixou tão emocionada que ela começou a fazer meditação para expandir sua consciência. Mudou-se para Sedona e atualmente é professora e ajuda os outros a se curarem e a descobrirem seus próprios caminhos.

Se no estado de consciência mais elevada percebemos que não estamos confinados pelas limitações do mundo físico, passamos a viver com uma nova percepção. Descobrimos em nós mesmos uma parte espiritual que pode ser acessada a qualquer momento de nossa vida diária. A consciência não pode ser perdida, ferida ou falhar, porque ela sabe tudo. É a luz que ilumina a ignorância e a escuridão. Nossas dificuldades e nossos problemas cotidianos poderão ser compreendidos a partir de uma nova perspectiva, e as soluções serão encontradas com mais facilidade. A consciência é nossa esperança, nossa fé e nosso amor. Ela é tudo o que somos e tudo o que seremos. Quando chegamos a essa constatação, deixamos de ser escravos do mundo físico e nos abrimos à vivência e ao recebimento de novos níveis de percepção e sabedoria. Este é o começo da nossa transcendência.

# DEZ

# A TRANSCENDÊNCIA

A vida é uma jornada mágica que, no grande esquema do cosmos, acaba num piscar de olhos. Ao sair do corpo no momento da morte, o espírito experimenta uma imensa sensação de liberdade, paz e alegria. Assim que a alma chega a um plano mais elevado da existência, sua habilidade mental se torna muito ágil, e ela passa a ter conhecimento imediato e total dos pensamentos, sentimentos e palavras de seus entes queridos que ficaram para trás. O espírito constata que sempre foi espírito, mas que teve experiências físicas enquanto estava na Terra. Ele não sofre como nós. Não existe mais dor após a morte. Os obstáculos se dissolvem gradativamente enquanto o espírito se aproxima cada vez mais da luz. A perspectiva dele muda em relação a tudo. Nós podemos nos beneficiar de suas palavras e de suas mensagens reveladoras sem necessariamente precisar morrer antes para vivenciar um novo estado transcendente.

*Experiência de quase morte*

O mais perto que o ser humano chega da morte ocorre nas experiências de quase morte (EQM). Aqueles que vivenciaram essas experiências retornaram da quase morte com uma perspectiva única, e a vida deles pareceu mudar para sempre como consequência disso.

No meu livro *Espíritos entre nós*, contei como a minha vida mudou após passar por minha própria EQM. Desta vez descrevo a EQM relatada por meu grande amigo Erik. Ele perdeu o controle do carro quando passava por um trecho de uma estrada em obras. Como você verá, esse acontecimento provocou uma mudança radical na vida dele:

> "Imediatamente após bater nas estacas da cerca de proteção, eu me senti flutuando para fora do meu corpo e pairando sobre ele. Podia ver todas as pessoas me observando enquanto eu permanecia lá, paralisado pelo choque. Olhei para o meu corpo como se estivesse de fora, apesar de saber que ainda estava conectado a ele de alguma maneira. Não senti qualquer tipo de dor. Eu me sentia livre, feliz e inteiro, e sabia que aquele era o meu eu verdadeiro.
>
> Enquanto olhava para o meu corpo ensanguentado e inerte, uma enorme onda de compaixão me invadiu, e eu quis que todos soubessem que eu estava bem, apesar de acharem que eu tinha morrido. Queria que soubessem que aquela era apenas uma condição temporária, mas eles não podiam escutar meus pensamentos.
>
> Então, de repente, me senti sendo puxado a uma enorme velocidade. Sentia que estava subindo cada vez mais, e logo pude ver uma luz brilhante que me fazia lembrar que eu estava conectado a todas as pessoas do planeta ao mesmo tempo. Podia ver pessoas envolvidas em muitos tipos de atividade, em diferentes países. Ou seja, eu podia sentir que todas as pessoas eram eu, apesar de estarem em corpos diferentes. Pessoas em hospitais e prisões me causaram depressão. Vi pessoas rezando em igrejas, mesquitas e templos, e senti seus desejos para o mundo e para os outros.
>
> Enquanto minha percepção aumentava, distingui bastante bem o bonito planeta Terra, que eu chamava de lar. Aquilo foi tão extraordinário! Eu pude vê-lo respirando e pulsando como um corpo humano, uma brilhante joia azul e verde flutuando no Universo. Ao olhar mais de perto, pude ver parte da terrível destruição feita

à Mãe Terra. A Terra estava lutando para respirar por causa do peso da poluição que sufocava seu corpo. Naquele momento, fiquei sabendo que ela estava morrendo e necessitava da minha ajuda. Eu precisava fazer alguma coisa, mas me sentia impotente.

Eu me lembro de ter pensado: 'Não posso partir ainda. Minha tarefa não está terminada. Preciso voltar e salvar a Terra. Preciso dizer aos outros que temos a responsabilidade de manter vivo o planeta. Não podemos matá-lo!' Mas como voltar, se provavelmente todos os ossos do meu corpo estavam quebrados?

Um ser de luz rapidamente me informou que eu fazia parte de um plano divino, como todo ser humano, e que meu principal objetivo é amar e servir. Eu sabia que aquele ser de luz compreendia todos os meus medos e dúvidas. Recebi a confirmação de que ficaria curado e que conseguiria fazer o trabalho necessário para alimentar minha alma e ajudar a Mãe Terra.

No momento em que tive esse pensamento, voltei imediatamente para o meu corpo. Acordei e me vi deitado numa maca, dentro de uma ambulância. Ouvi o barulho da sirene e percebi dois paramédicos ajoelhados ao meu lado, com o rosto cheio de preocupação. Sorri ao ouvir um deles dizer: 'Nós o trouxemos de volta.' Sim, eu *voltei* naquele dia. Voltei numa nova luz e com uma perspectiva nova. Desde então me envolvi em muitos projetos ecológicos e fundei organizações para salvar o planeta. Desde a minha experiência, nunca mais vi a vida, a morte e as pessoas do mesmo modo. Reverencio a mim mesmo e a todos com quem entro em contato."

Relatos como o do meu amigo foram documentados em inúmeros livros sobre experiências de quase morte. Mas não precisamos vivenciar uma experiência dessas para mudar nossa perspectiva sobre a vida. Enquanto caminhamos sobre este planeta, envolvidos em situações e problemas que parecem tão opressivos, deveríamos ver esses problemas como instrumentos a serviço de nosso aprendizado e crescimento. Sempre que recebemos um desafio negativo e desagradável, precisamos procurar seu lado positivo. Às vezes, é através dele que desenvolvemos a paciência e a coragem para descobrir a lição escondida na experiência e assimilá-la. Isso nos fortalecerá e nos dará sabedoria para lidar melhor com as situações e ensinar aos outros como reagir em circunstâncias semelhantes.

### *Saia do passado*

A mente é o fator mais importante do nosso bem-estar e da nossa felicidade. No entanto, uma das dificuldades mais comuns que a mente precisa eliminar é a tendência de viver no passado. Conheço uma pessoa que está sempre falando sobre as experiências dolorosas de sua infância. Ela se lembra de todas as situações vividas com a mãe e o pai e, inevitavelmente, revive todos os estados mentais e emocionais experimentados naquelas ocasiões. Talvez a criança que ainda vive dentro da minha amiga nunca tenha recebido a atenção de que precisava, e por isso ainda esteja procurando amor.

Assim como minha amiga, muitos adultos infelizmente se agarram às mágoas que marcaram sua infância. Quando, na idade adulta, acontece algo que ressuscita essas memórias dolorosas, essas pessoas imediatamente retornam ao sentimento que vivenciaram quando pequenas e se sentem muito desamparadas. Só há uma saída: tomar contato com o sentimento da criança e fazer com que o adulto a acolha e a faça se sentir segura. Assim, a criança que vive dentro delas pode curar-se.

O passado não terá qualquer domínio sobre nós se não lhe concedermos esse poder. Nós não precisamos mais viver no passado, nem culpar nossos pais por aquilo que acontece em nossas vidas. Cabe a nós, adultos que somos, assumir a responsabilidade pelas escolhas que fazemos.

Já recebi muitas cartas de pessoas que sofreram abusos sexuais na infância e que, por causa deles, nunca conseguiram ter um relacionamento amoroso normal. É verdade que os traumas emocionais da infância permanecem conosco. Cabe a nós decidir o que fazer com eles. Se nos transformarmos em vítimas, não conseguiremos encontrar felicidade em nenhuma área da vida: nos relacionamentos, nos empregos e nas amizades. As vítimas repetem as mesmas reclamações e veem os outros como potenciais agressores. Libertar-se de uma visão passada e substituí-la por uma visão positiva é a única maneira de sair das sombras e entrar na luz.

### *O seu verdadeiro eu*

Outro obstáculo à transcendência é a permanência em relacionamentos problemáticos. Se, em vez de sermos quem somos, agimos para agradar os outros, nunca alcançaremos o nosso próprio poder nem nos reconheceremos como pessoas únicas. Descobri que, em sua grande maioria, os relacionamentos não estão baseados na sinceridade. As pessoas, de modo geral, agem de acordo com seus interesses, sem se preocuparem com o bem do próximo. Precisamos ter a coragem de admitir que alguns relacionamentos são nocivos e podem nos impedir de alcançar nosso verdadeiro potencial. Mas não é fácil romper um relacionamento, porque nos apegamos às pessoas e custamos a reconhecer o mal que podem nos fazer.

O fundamental é confiarmos em nós mesmos e usufruirmos nossa própria companhia. A falta de autoestima constantemente interfere na nossa realização pessoal. Ela nos faz tomar decisões devastadoras e muito prejudiciais a nós mesmos. Quando não confiamos em nós, tendemos a trazer para nossa vida pessoas que não são dignas de nossa confiança. Para podermos confiar, precisamos desenvolver uma percepção própria, ouvindo aquela voz que ressoa dentro de nossa mente. Essa voz é a nossa intuição. Aprenda a reconhecê-la e a respeitar suas mensagens. A intuição é o seu sexto sentido e a melhor maneira de compreender o mundo ao seu redor. De modo geral, a intuição é uma voz interior; ela não é um pensamento lógico. Quando não escuta sua voz interna, você geralmente acaba cometendo erros. Aprenda a utilizar essa ferramenta divina com eficácia e a deixá-la ser produtiva na sua vida. Saber usar sua intuição faz parte do aprendizado para transcender o seu eu inferior.

Por fim, como já disse, o pior obstáculo à transcendência é o *medo*. Ele tem o poder de nos paralisar e nos impedir de crescer. É muitas vezes por causa do medo que nos refugiamos no passado, com a sensação de que ainda há coisas que precisam ser *consertadas*. O medo nos faz mentir quando procuramos justificar nossas ações em vez de nos responsabilizarmos por elas. As religiões muitas vezes usam o medo para manipular seus seguidores. É deplorável ver pessoas usarem o medo como instrumento de controle.

## A MINHA MENTE ESTÁ LIVRE

Quando faço minhas demonstrações, geralmente começo explicando como me envolvi com esse trabalho e em seguida esclareço o processo de comunicação com os espíritos. Faço isso por vários motivos.

As pessoas que comparecem aos eventos vêm de ambientes sociais muito diversos e possuem sistemas de crenças e expectativas diferentes. Algumas estão nervosas, outras, curiosas, e ainda há as indecisas e as descrentes. A minha introdução tem por objetivo tentar estabelecer um vínculo com a plateia e ajudar as pessoas a relaxar. Quero mostrar que sou uma pessoa normal e que não há nada de esquisito, estranho ou *sobrenatural* em mim. Geralmente conto algumas piadas e procuro fazer as pessoas rirem. Aos poucos, elas começam a relaxar.

Enquanto falo sobre o fenômeno espiritual, examino a plateia com minha clarividência e normalmente vejo algumas coisas muito interessantes. Vejo a aura de todas as pessoas. A aura parece um invólucro amoldado ao corpo físico. Algumas têm uma aura regular e expansiva, com adoráveis cores claras, enquanto outras possuem um invólucro escuro e sombrio, com furos e rasgões. Alguns desses rasgões e furos podem ter sido causados por grandes traumas emocionais ou vícios, como o consumo de drogas ou álcool.

Para obter a energia necessária para trabalhar com os espíritos, preciso expandir a energia do grupo inteiro para deixá-lo mais receptivo. Como faço isso? Há sempre guias espirituais, muitos usando mantos coloridos, na plateia. Esses guias estão ali para remover a energia escura e pesada da aura de alguns. Essa energia é causada por depressão mental, preocupações, dores emocionais e pensamentos negativos de outras pessoas que se grudam à aura. Às vezes, os guias comentam como é difícil chegar até alguns indivíduos, porque a aura deles está bloqueada por medo, depressão, infelicidade e falta de amor-próprio.

Além disso, para melhorar a receptividade, começo as sessões com uma meditação guiada para ajudar a limpar a energia das pessoas e a energia do lugar. Para nos conectarmos com os espíritos e podermos ser influenciados pelas forças mais superiores de amor e criatividade, precisamos nos manter em boas condições.

A comunicação que conto a seguir é um ótimo exemplo de como uma mulher permitiu que obstáculos a impedissem de viver plenamente. Quando entro num local com centenas ou milhares de pessoas, sempre me surpreendo ao ver espíritos se alinharem atrás de mim e ao redor das pessoas da plateia. Em sua grande maioria, elas estão ansiosas para ter notícias de seus entes queridos, mas sempre há exceções. Algumas são arrastadas para as demonstrações contra a vontade, porque se recusam a abrir-se para alguma coisa nova. Havia uma mulher assim na plateia daquela noite. Seus amigos a tinham forçado a ir.

Um espírito feminino se posicionou ao seu lado. Hesitei por um momento antes de atravessar o salão e me aproximar dela.

– Por favor, posso falar com você? – perguntei.

Ela me encarou como se dissesse "Vá embora".

Permaneci ali, observando o espírito feminino junto a ela. Ele parecia determinado a enviar sua mensagem, e por isso insisti, apesar de ter sido recebido com extrema frieza.

– Quem é Dóris? – perguntei.

– Sou eu – disse a mulher, aprumando a cabeça.

– Dóris, há uma mulher em pé ao seu lado. Ela parece ansiosa para que você a ouça.

– Não tenho a mínima ideia de quem possa ser.

– Estou captando um G maiúsculo, Gina, Georgy, algo assim. Este nome significa alguma coisa para você?

– Eu cresci com uma Georgia. Era uma das minhas amigas de infância, mas nos afastamos quando me mudei para a Califórnia. Eu sabia que ela tinha morrido, mas...

– Bem, ela está aqui com você agora.

– Eu realmente não consigo acreditar nisso. Nós mal nos falamos nos últimos anos da vida dela.

– O tempo não significa nada para aqueles que morreram. Ela está me dizendo que tem observado você. Ela sabe que você não é receptiva a coisas como esta. Ela quer lhe dizer que você pode mudar a sua vida até mesmo agora.

– Mudar como? – Dóris respondeu rispidamente.

– Georgia está dizendo que você teve uma infância bem ruim. E que por isso é tão fechada. Você vive muito no passado. Sente muita pena de si mesma.

Quanto mais eu falava, mais Dóris se fechava. Eu podia ver nuvens cinza-escuras em volta da cabeça e do tórax dela.

– Georgia está dizendo que agora ela compreende. Também não acreditava na vida após a morte. Agora sabe que poderia ter sido mais feliz. Ela vê como os pensamentos negativos bloquearam as coisas boas. Disse que vai procurar ajudar você. Ela vem tentando se comunicar, mas você simplesmente ignora os sinais enviados por ela.

Georgia diz que aquilo que lhe foi transmitido como verdade não o é de fato. Ela quer que você não se sinta tão deprimida e que faça coisas que a deixem mais feliz. Você está compreendendo?

– Para ser franca, não sei do que você está falando. A minha vida está bem. Você poderia ir para outra pessoa, por favor?

Aquilo me chocou. De repente, um casal de espíritos apareceu. Eu podia ver que eram os pais de Dóris.

– Seus pais estão aqui, Dóris. Eles querem lhe dizer que a amam. Sua mãe, especialmente, quer lhe dizer que sente muito.

Os olhos de Dóris se encheram de lágrimas.

– Eles querem que você seja feliz. Eles não sabiam nada sobre a vida e lhe ensinaram o que tinham aprendido com os próprios pais. Eles sentiam medo de muitas coisas. *Não tenha medo*, eles estão dizendo.

– Eu simplesmente não acredito em você. Meus pais eram alcoólatras. Eles fizeram da minha vida um inferno. Como podem estar felizes agora, se eram tão infelizes quando estavam vivos?

– Eles estão dizendo que lastimam muito, mas que não tiveram alternativa. Precisaram aprender muitas coisas e ainda estão aprendendo. Eles não querem que você siga o exemplo deles. Você consegue se lembrar de uma fotografia em preto e branco de uma garotinha vestindo um macacão e sentada num velocípede?

Os olhos de Dóris se arregalaram.

– Esse é um retrato meu aos 7 anos. Como é que você sabe disso?

– Sua mãe está apontando para a fotografia que está em cima de uma escrivaninha vermelha.

Dóris balançou a cabeça afirmativamente.

– Obrigado – eu disse, me sentindo menos frustrado. – Agora você acredita em mim?

– Acho que sim.

– Seu pai está dizendo que aprecia a vida agora, que se sente muito livre. Ele diz que gostaria de poder abraçá-la e lhe mostrar quanto a ama. Ele gostaria de ter podido experimentar a liberdade que está sentindo agora enquanto estava vivo. Ele está dizendo: *Não se preocupe tanto. Vale a pena viver.*

Esse não é o fim da história. Vários anos depois dessa comunicação com Dóris, fui a outra cidade fazer uma série de palestras. Havia pelo menos mil pessoas em uma delas. No meio das minhas comunicações, vi um espírito feminino ao lado de uma mulher. Ele acenava com a mão freneticamente.

*Sou eu. Sou eu*, o espírito gritava.

Eu me posicionei ao lado da senhora mais velha, de cabelos brancos.

– Há uma mulher acenando para a senhora. – De repente percebi que conhecia aquele espírito feminino. Eu sabia que já a tinha visto antes.

*Sou eu, a Dóris. Você se lembra de mim?*

– A senhora conhece alguém que se chama Dóris? – perguntei.

A mulher de cabelos brancos fez que não com a cabeça.

– Ela é uma antiga colega de colégio. Está me mostrando a imagem de um álbum de formatura.

– Ah, meu Deus! – a mulher disse. – Será a Dóris Franklin? Nós fizemos juntas o álbum de formatura.

*James, sou eu, a Dóris*, o espírito repetiu. *Dóris, a mulher que não acreditou em você. Você falou comigo.*

De repente me lembrei daquela mulher tão fechada. Não podia acreditar que fosse a mesma. Agora parecia tão vibrante e alegre...

– Eu conheço essa mulher – falei para a plateia. – Transmiti uma mensagem para ela há alguns anos, quando ainda estava viva e sentada na plateia exatamente como vocês. Ela está dizendo que lastima muito não ter acreditado. Ela era muito teimosa e não quis aceitar a mensagem de um espírito. Agora ela sabe que aquilo era verdade. – Olhei para a amiga da Dóris. – Ela quer que a senhora seja feliz. Ela agora compreende que seus pensamentos negativos a deixavam infeliz e faziam mal ao seu corpo. Está dizendo que costumava beber muito e está me mostrando o corpo cheio de massas escuras. Ela morreu de câncer.

– Foi mesmo? – a amiga de Dóris perguntou.

– Dóris está me dizendo que era muito cética e que não acreditou no que eu disse. Está dizendo para a senhora: *Acredite!*

– É engraçado você dizer uma coisa dessas. Eu estava com medo de vir aqui. Sou católica, e católicos não devem participar desse tipo de coisa.

– A sua amiga Dóris quer que a senhora saiba que aquilo que os católicos ensinam não é totalmente verdade. Ela disse que se viu num lugar escuro quando morreu. Foi preciso que amigos e familiares a convencessem de que a vida é aquilo que você faz com ela. Ela precisou ser curada de muito sofrimento. Ela está dizendo: *Você precisa pensar naquilo que deseja e deixar que Deus lhe dê.*

– Meu Deus, essa não é a Dóris que conheci, sempre tão deprimida.

– Bem, é isso que ela quer que a senhora compreenda. Não fique deprimida. A senhora é mais do que aquilo que acha que é. Dóris disse que quando a senhora morrer ela estará lá para recebê-la, mas que a senhora ainda tem muitos anos pela frente para fazer aquilo que realmente deseja. *Faça!*, ela disse.

– Vou tentar. Obrigada, Dóris.

Eu adoro as mensagens dos espíritos de pessoas que conheci antes de morrerem. Assim como aconteceu com Dóris, geralmente constato uma mudança quando elas retornam como espíritos. Isso me deixa mais motivado para fazer as pessoas descobrirem as prisões imaginárias em que confinamos nossa mente. Cabe a *você* mudar a sua vida e ir em frente para uma nova maneira de vivenciar o mundo que o cerca.

## *A regra básica*

Para obtermos mais perfeição e alegria na vida e alcançarmos transcendência espiritual precisamos ter consciência das pessoas que nos cercam, de suas características e necessidades. Precisamos romper nosso egocentrismo e nos mostrar sensíveis e atentos aos outros. Você já leu neste livro muitos exemplos em que os espíritos nos mostram que somos todos apenas *um*. Ter esse conhecimento e usá-lo todos os dias acelerou minha realização como ser humano. Após desviar o foco de mim mesmo, passei a ter consciência da minha própria capacidade de dar, compartilhar e amar outra pessoa.

Um dos meus filmes favoritos é *O Sol é para todos*, baseado num livro vencedor do Prêmio Pulitzer, escrito por Harper Lee. No fim do filme, a filha, Scout, diz uma coisa profunda que o pai dela, Atticus Finch, lhe ensinara quando ela ainda era criança. As palavras dele se fixaram para sempre na alma da filha e na minha mente: "Você só entende o ponto de vista de uma pessoa quando é capaz de senti-lo na própria pele."

Essas palavras são a essência da regra básica "Faça aos outros o que gostaria que os outros fizessem a você". Esta regra universal parece tão óbvia que é impossível não compreendê-la. Se eu sei como gostaria de ser tratado, por que não posso tratar os outros da mesma maneira? Tenho certeza de que a maioria de nós já ouviu isso de um pai ou de uma mãe: "É assim que você gostaria de ser tratado?" A mensagem da regra básica é um componente fundamental da maioria das religiões do mundo.

Mas apregoar a regra básica é diferente de praticá-la. Quando comecei a incorporar esse modo de pensar ao meu dia a dia, descobri que, além de tratar bem as pessoas, eu precisava compreender por que elas se comportavam de determinada maneira. Repetindo Atticus Finch, eu precisava me colocar na pele de alguém e ver a vida através dos olhos dele.

Fui aprendendo, assim, a ser mais complacente e tolerante. Compreendi que as pessoas agem em resposta a seu próprio ambiente cultural, econômico e educativo. Tornei-me mais capaz de sentir compaixão pelos outros, o que fortaleceu minha vontade de aliviar o sofrimento alheio.

Durante o fim da segregação racial, na década de 1960, John F. Kennedy pediu aos americanos brancos que imaginassem como se sentiriam sendo menosprezados e humilhados por causa da cor de sua pele. Ele os desafiou a tratar os outros como se fossem iguais a eles mesmos. Recentemente, os cidadãos da Califórnia foram chamados a votar a Proposição 8, uma emenda à Constituição do estado que nega aos homossexuais o direito de casar. Aqueles que defendiam os direitos dos homossexuais veicularam mensagens televisivas em que pediam a todos que imaginassem como se sentiriam se não pudessem casar com a pessoa que amavam. Se os oponentes a esse direito se colocassem no lugar de um homossexual, talvez vissem que eles buscam a mesma felicidade que os heterossexuais. Como consequência, a crítica e o escárnio logo desapareceriam.

Muitos espíritos me disseram que a regra básica é a porta de entrada para a compreensão humana. Eles me afirmaram que, se tivessem visto os outros como viam a si mesmos, a vida deles teria sido menos difícil e eles teriam gerado mais amor do que ódio.

## O PRESENTE DO PERDÃO

A comunicação que vou contar foi muito triste. Ela ocorreu em Chicago, há muitos anos. Após a introdução e a meditação, comecei a examinar a sala como sempre faço. Lá no fundo havia o espírito de um homem jovem, esguio e de cabelos ondulados. Fui atraído para ele.

– Há um homem jovem no recinto que parece um pouco perturbado. Ele tem cabelo escuro ondulado. Isso significa alguma coisa para alguém aqui?

Ninguém se mexeu. Eu sabia que teria de obter mais informações do espírito. Posicionei-me no meio da plateia enquanto me comunicava com ele.

– Ele disse que foi assassinado. E voltou para perdoar seu assassino.

De repente uma mulher pequena e gordinha, de cabelos louros e curtos, me chamou a atenção.

– Seu filho foi assassinado? – perguntei.

– Não. Meu filho está na prisão.

– Esse homem jovem que está a seu lado disse que a perdoa.

A mulher balançou a cabeça, confusa. Parei e ouvi o espírito.

– Seu filho está na prisão por ter assassinado alguém? Esse jovem é a pessoa que o seu filho matou! – eu disse, surpreso.

– Eu sinto muito – a mulher falou. – Meu filho não tinha essa intenção. Tenho certeza de que ele não pretendia fazer isso.

– Quem é Alfred ou Alfonse?

– Alfonso Melia. É o homem que o meu filho matou.

– Alfonso está dizendo que perdoa seu filho.

– Por favor, diga a ele que eu sinto muito – disse ela, chorando. – Eu não ensinei meu filho a ter tanto ódio. Estou tão envergonhada!

– Alfonso está me mostrando como ele morreu. Levou uma surra do seu filho, não foi?

– Foi.

– Alfonso disse que visita o seu filho no corredor da morte. Ele procura ajudá-lo.

– Meu filho estava muito perturbado. Ele andava em más companhias. Passou a ter muito preconceito contra certos grupos.

– Seu filho fazia parte de uma gangue? Eu o vejo com um grupo de jovens tatuados.

– Sim. Eu só soube quando já era tarde demais. Aqueles jovens detestavam mexicanos, judeus e homossexuais. Donny, o meu filho, foi totalmente doutrinado por eles. Ele era uma criança tão boa...

– Alfonso está dizendo que foi escolhido porque falava com sotaque. – Eu sentia muita pena da mulher. – Alfonso compreende que o seu filho estava sendo muito pressionado pelos amigos e o perdoa.

A mulher parecia muito confusa. Eu me virei para a plateia:

– Aqui está um jovem que foi assassinado porque parecia diferente dos outros. Que tipo de seres humanos somos nós para querer matar uma pessoa só por ela parecer diferente, ter hábitos diferentes ou não falar como nós? Este jovem está aqui para nos ensinar a importância de tratarmos os outros como gostaríamos de ser tratados. Este é um conselho valioso, porque levaremos conosco aquilo em que acreditamos aqui na Terra. Esta é uma lição para todos nós.

Virei-me para a mulher.

– Esse jovem a perdoa. Agora é a sua vez de perdoar a si mesma e a seu filho. Isso ajudará vocês dois a se curarem.

A muitos de nós é ensinado cultivar o ódio, em vez do amor. Aprendemos a ser preconceituosos e a atacar aqueles que são diferentes de nós. Não nascemos com essas ideias. Elas nos são inculcadas desde muito cedo. É difícil remover essas marcas, mas não é impossível. Como dizem os versos da canção de Stephen Sondheim: "Tome cuidado com aquilo que você disser, pois as crianças ouvirão..."

Precisamos nos reeducar, e há muitas maneiras de fazer isso. Para podermos nos reconstruir, com apoio e amor, precisaremos ser nossos próprios professores.

# ONZE

# VIVENDO A SUA VIDA

Se restrições nos são impostas desde o início da vida, como podemos viver livremente? A vida é formada por uma série de aparentes contradições. Somos almas ilimitadas, mas vivemos num mundo de limitações. Fomos ensinados a olhar para este mundo e a existir nele a partir desse ponto de vista limitado. Não nascemos como seres materialistas, mas, por estarmos num mundo materialista, adquirimos uma consciência materialista. Aceitamos este mundo como *real*, sem questionamentos. No entanto, a verdade é que este mundo nada mais é do que um lugar temporário em que nossa alma entra para adquirir mais compreensão e decifrar as muitas facetas do amor.

Como somos seres com alma, estamos equipados com recursos internos incríveis. A natureza da nossa alma nos permite manifestar qualquer coisa que desejamos se colocarmos a mente e o coração naquilo que queremos. Há, porém, uma dificuldade. Como vivemos num mundo físico e limitado, nos sentimos separados de nossa essência espiritual e esquecemos que, na realidade, somos seres espirituais com poder ilimitado.

Muitos espíritos frequentemente me contam sobre as decepções que tiveram durante sua estada na Terra. Eles gostariam de ter passado mais tempo concentrados no eu interior, em vez de terem deixado o eu exterior se envolver tanto com tarefas. Gostariam de ter acolhido pessoas que quisessem falar sobre seus problemas, mesmo que não soubessem como ajudar. Gostariam de ter parado um instante para cumprimentar seus vizinhos e dizer-lhes uma palavra delicada. Em geral, sentem que desperdiçaram muito tempo valioso concentrando-se em metas físicas e materiais, em vez de manifestar amor através de pequenos gestos. Sabem que seus pensamentos afetaram a vida deles e a de todos aqueles com quem conviveram. Ao reverem o que ficou para trás, muitas vezes se perguntam se poderiam ter deixado o mundo um pouco melhor do que era quando nele chegaram.

Muitas almas reconhecem quanto foram tolas por não terem percebido o poder espiritual que possuíam. Elas sentem que inadvertidamente entregaram seu poder à família, aos amigos e até à sociedade. Estavam tão presas a visões limitadas que não conseguiam ver os milagres que as aguardavam além das paredes que as cercavam. Elas me disseram que descobriram que, embora sua dimensão humana fosse limitada, seu eu espiritual era infinito. Como estavam presas, não aproveitaram a vida e não criaram coisa alguma com ela. Foram vítimas de seus pensamentos equivocados, de suas percepções distorcidas e por isso se viram impedidas de viver com alegria. De vários modos, os espíritos me disseram que precisamos mudar nosso modo de ver e compreender que tudo aquilo de que necessitamos para ter uma vida positiva e feliz já está dentro de nós. O mundo espiritual insiste que é fundamental reconhecer o aspecto divino de nosso próprio ser. Portanto, se quisermos viver de forma renovada, precisamos descobrir a nossa natureza divina. Oração, meditação, terapia e ioga são apenas alguns dos caminhos que nos conduzem a um relacionamento com o nosso eu divino.

### *Acredite em si mesmo*

Ninguém é capaz de conhecê-lo melhor do que você mesmo. Sim, é verdade que fomos ensinados a olhar para os outros em busca de respostas, mas, no fundo, só você sabe o que funciona ou não para você. Por isso, nunca deveria deixar a opinião dos outros definir quem você é. Isso não significa que aquilo que as outras pessoas dizem não tenha valor, mas você precisa compreender que elas expressam apenas uma opinião, e não necessariamente aquilo que é verdade para você. Com o passar do tempo, você enfrentará muitas provações e contratempos para aprender a se apreciar melhor e a confiar em si mesmo. No entanto, para alcançar essa percepção você precisa estar disposto a resistir às críticas e às crenças dos outros e a vê-las apenas como o ponto de vista de outra pessoa.

Foram inúmeras as vezes em que críticos ignorantes fizeram declarações descabidas sobre mim e meu trabalho, sem me conhecerem nem se inteirarem dos fundamentos da mediunidade. Como pioneiro nesse movimento espiritual, eu sabia que isso fazia parte do jogo. É claro que as críticas podem nos ferir, mas eu tenho tanta certeza de que minha missão é ajudar a abrir a mente das pessoas para novas ideias sobre a vida e a morte que segui meu coração. E o resultado foi que muitos ficaram curados.

Se você está realizando o propósito da sua vida, aquilo que os outros pensam a seu respeito é irrelevante. Se você se preocupa excessivamente com o que os outros pensam ou dizem, está entregando seu poder a eles, e esta é uma maneira incontestável de viver uma vida de frustrações. Você não precisa corresponder às expectativas dos outros. Seja você mesmo, seja autêntico, diga sua verdade de forma serena e firme, e ouça a dos outros com respeito, sem submissão.

## ESCONDENDO A SUA VERDADE

A próxima comunicação mostra uma alma que perdeu o seu verdadeiro eu por tentar se encaixar naquilo que outra pessoa achava que ela deveria ser. Eu estava em Denver para um fim de semana de seminários sobre espiritualidade. Perto do final das minhas comunicações um espírito se posicionou ao lado de uma jovem e atraente mulher negra.

– Você conhece alguém que se chama Janet? – perguntei a ela.

A mulher olhou para baixo, depois levantou a cabeça e respondeu:

– Eu tive uma tia-avó que se chamava Janet, mas não a conheci. Ela morreu antes de eu nascer.

– Você sabe se ela pintava?

– Não tenho a menor ideia.

– Quem é Sarah?

– Sou eu.

– Bem, Sarah, sua tia Janet sabe quem você é. Ela está me mostrando quatro crianças. Você sabe de quem se trata?

– A minha avó tinha um irmão e uma irmã.

– Não. Essas são os filhos de Janet. Acho que são seus primos em segundo grau.

– Meus primos moram em outro estado, e não mantemos contato.

– Sua tia me parece triste. Ela disse que casou várias vezes e teve esses filhos, embora, na verdade, não quisesse.

– Eu já ouvi minha mãe falar sobre os maridos da tia Janet. Sempre achei que ela fosse uma mulher, bem... volúvel.

– Não é isso – respondi rapidamente. – Ela disse que teve de se casar porque na sua época não era decente uma mulher ficar solteira. Quando um marido morria, ela precisava achar outro. Ter filhos também fazia parte do pacote.

– Eu não sabia disso.

– Ela está dizendo que gostava de desenhar e pintar, mas as pessoas criticavam o trabalho dela e achavam que era um desperdício de tempo. Janet diz que naquela época uma pessoa negra não era vista como talentosa. Ela diz que agora se sente feliz por estar ensinando arte no mundo espiritual. Os quadros dela são expostos em galerias lá.

– É mesmo? Isso é fantástico! Vou perguntar a minha mãe sobre ela.

– Por favor, faça isso. Muitas vezes os espíritos vêm até aqui e não os reconhecemos. Mas, quando perguntamos aos outros familiares sobre eles, descobrimos que aquilo que disseram é verdade. Sua tia-avó foi infeliz a maior parte da vida. Ela disse que fez aquilo que esperavam que ela fizesse, e nunca o que de fato queria.

Eu me virei para a plateia:

– Nós temos sorte. Muitas das restrições que eram impostas às pessoas sobre casamento, divórcio e filhos mudaram hoje em dia, especialmente em relação às mulheres. Mais um motivo para manifestarmos plenamente quem somos. Se não vivermos a nossa verdade, ela voltará para nos atormentar.

Eu me virei para Sarah:

– Sua tia está dizendo que ficou sozinha no fim da vida. Todos os maridos morreram e os filhos a abandonaram. Ela morreu na miséria.

– Isso é muito triste. Eu de fato não sei muita coisa sobre a vida dela.

– Sua tia disse que vocês foram irmãs numa outra vida. Que é por isso que ela está aqui hoje. Ela disse que, no futuro, vocês vão estar juntas em outra vida.

– Isso é inacreditável.

– Acredite. Pergunte a sua mãe sobre a sua tia. Eu adoraria receber notícias a respeito disso.

– Entrarei em contato para contar. Obrigada.

Algumas semanas depois recebi um e-mail de Sarah. Ela havia conversado com a mãe, e o que eu dissera era realmente verdade:

> *Quando comentei com minha mãe sobre minha tia, ela disse que tinha uma caixa com as coisas dela no sótão. Fui dar uma olhada e encontrei um bonito quadro pintado por ela. Como eu não tinha condições de avaliar, levei o quadro a uma galeria. Fiquei chocada quando me ofereceram 2 mil dólares por ele. Decidi guardá-lo. É uma pena que tia Janet nunca tenha colhido os frutos do seu trabalho.*

É por isso que eu lhe digo: compartilhe o *seu* talento com o mundo. Assim você se destacará como uma pessoa única. Deixe a sua luz brilhar para que todos a vejam. Os espíritos frequentemente dizem que não percebiam a rapidez com que a vida passava. A vida *é* efêmera. Portanto, deixe a sua marca no mundo. Você pode começar sorrindo mais vezes. Goste de si mesmo e usufrua as pequenas alegrias. Não leve a vida tão a sério. Ela é apenas um jogo.

As dificuldades vêm e vão. Ganha-se e perde-se dinheiro. Mas nunca deixamos de ser quem somos. Você pode controlar sua vontade e fazer suas escolhas com liberdade e determinação. A função que você exerce, seja de serviçal ou de chefe de Estado, é menos importante do que a forma como exerce a função. Faça o máximo que puder, com os talentos que recebeu. Conhecer a si mesmo é a chave para a mudança em sua vida. Mudamos nossa realidade mudando aquilo que está dentro de nós. Quanto mais assumirmos quem realmente somos, mais cresceremos.

Quando você eleva sua consciência e se sintoniza com esse poder interno, consegue liberar hábitos de medo e preocupações que estão na sua mente terrestre na vida atual e talvez em vidas anteriores. Quando você pratica firmemente o alinhamento das suas intenções com a luz divina, seus pensamentos, suas palavras e suas ações acompanham sua intenção. Ou seja, você precisa estar vigilante. Você não pode pensar positivamente a seu respeito num minuto e dizer a si mesmo que não vale nada no minuto seguinte. Pensamentos, palavras e ações constantes e persistentes são a chave para a mudança. Só então você conseguirá iluminar problemas enraizados, vê-los como de fato são e não deixá-los defini-lo e derrotá-lo. Sua vida será totalmente nova. Seus medos e sentimentos negativos não o aprisionarão mais. Você realmente se tornará o ser inteiro que sempre foi e se sentirá livre para viver de acordo com a expressão mais elevada do seu ser. Está dito: "A verdade o libertará."

## O MEU EU SUPERIOR

Para viver uma vida de realizações e felicidade, sem arrependimentos, você precisa se disciplinar e ficar atento para ver o mundo a partir de uma perspectiva mais abrangente. É apenas quando consegue estabelecer um relacionamento com o seu poder superior e divino que você começa a ver o seu valor no mundo e um profundo significado em todas as suas experiências de vida, sejam elas positivas ou negativas. O seu poder divino tem muitos nomes: Eu Superior, Consciência Cristã e Fonte Criativa. Tendo ou não consciência desse poder, você é guiado por essa força espiritual, porque ela faz parte da estrutura da sua alma. No momento em que passa a ter consciência desse Eu Superior, você tem a sensação de que escalou uma montanha e saiu do nevoeiro. Você compreende que Ele é algo muito maior do que o seu eu físico.

Foi pela meditação que me conectei ao meu Eu Superior. É bastante fácil perceber essa conexão, porque nossos pensamentos e impressões passam para um patamar mais elevado. Passamos a ver as falhas e imperfeições da vida a partir de um ponto de vista de amor e percebemos que nosso propósito é contribuir com nossos talentos e habilidades para que o Universo se torne inteiro, completo.

Há cerca de 12 anos, reuni um grupo de 30 pessoas para visitar os centros espíritas do Brasil. Aquela foi a primeira de muitas visitas. Para mim, o Brasil é um dos lugares mais místicos da Terra, e seus habitantes estão entre as pessoas mais cordiais que já conheci. Fiquei surpreso com a percepção aberta e sincera delas em relação às suas heranças espirituais. A sessão semanal de um determinado centro no Brasil era similar à de uma jornada xamanista dos índios norte-americanos, porque durava cerca de seis horas e era incrivelmente transformadora. Os participantes bebiam um chá especial, que os ajudava a interagir com as frequências mais elevadas das dimensões espirituais. Esse chá, bastante conhecido entre muitos grupos da América do Sul, é considerado sagrado. As folhas, colhidas em um arbusto da floresta amazônica, são usadas naquela parte do mundo há séculos. Em suas cerimônias espirituais, muitas tribos indígenas usam algum tipo de substância para aumentar a percepção, eliminar medos e fobias da mente terrestre e entrar em comunicação com o Eu Superior.

Quando chegamos, meu anfitrião, o sacerdote dessa intrigante congregação, me explicou: "Não sabemos o que irá acontecer. Talvez vejamos a Virgem Maria ou outras entidades. Cada experiência é única e será curativa de algum modo."

O sacerdote me ofereceu o chá e eu bebi uma xícara. Alguns minutos depois a cerimônia começou. Eu me sentei num canto para observar. O resto da congregação começou a recitar as orações do ritual. Após 15 minutos percebi que a minha percepção estava começando a ficar bastante alterada. As vozes se tornavam mais altas e, a seguir, mais baixas. A energia da sala ficou muito, muito intensa. Eu podia ver vários espíritos em vestes cerimoniais pela sala. Quando meus olhos se fecharam, comecei a ter visões diferentes de todas as que eu já tivera. As cores eram tão brilhantes e reluzentes que eu tinha a sensação de estar olhando para o centro de um diamante enorme.

A seguir, eu me senti transportado para outro lugar. Em pé na minha frente, vi um homem usando um manto roxo e dourado. Seus olhos azuis intensos e profundos me trespassaram. Enquanto o observava, tive a forte sensação de que sempre o conhecera. Ele se comunicou comigo telepaticamente, me entregou um anel de ouro com uma ametista de seis pontas e me disse que o anel significa que o mundo espiritual me reconhecia como um iniciado. Aquela parecia ser uma grande honra. Eu não sabia como interpretar a informação e por isso perguntei: "Quem é você?" No mesmo instante recebi a resposta. Eu estava olhando para *mim mesmo*! Não o James humano, mas o meu Eu Superior, a alma do James. Esta foi provavelmente uma das experiências mais incríveis da minha vida.

Uma semana depois meu grupo viajou para Salvador, na Bahia. Fui com minha amiga Marilyn a uma joalheria, onde queria comprar lembranças. Estávamos examinando várias bandejas de pedras quando eu, impulsivamente, perguntei à dona da loja:

– A senhora tem algum anel de ametista?

– Bem, geralmente não tenho. Mas semanas atrás veio aqui um cliente que encomendou um anel de ametista. Nós o confeccionamos de acordo com as especificações, mas o homem nunca mais voltou.

A dona da loja abriu uma gaveta e tirou dela um anel.

– Aqui está ele.

Na minha frente estava o mesmo anel de ouro e ametista da minha visão. Coloquei-o no dedo e ele coube certinho.

– Sabe, este anel realmente me pertence – falei.

– Eu sei, eu estava esperando que o senhor viesse apanhá-lo.

Marilyn olhou para mim e, a seguir, para o anel. Toquei na mão dela e disse:

– Acho que já acabamos o que viemos fazer aqui.

*Medite para se reconectar ao seu poder*

Ao longo desses anos muitas pessoas me perguntaram como viver espiritualmente e, ao mesmo tempo, enfrentar as questões do dia a dia.

– Como posso ter consciência do meu Eu Superior?

– Como posso saber o motivo de ter voltado para a Terra desta vez?

– Como posso perceber meus guias espirituais e meus entes queridos que já faleceram?

Para encontrar respostas para essas perguntas a primeira coisa a fazer é restabelecer uma conexão com a sua natureza divina. Comece tomando consciência de que existe uma parte mais elevada e mais poderosa de *você*. Seu Eu Superior se manifestará de várias maneiras: intuição, coincidências e sincronismos de todos os tipos. Ao fortalecer a sua conexão com o seu Eu Superior, ao seguir as suas intuições e ao reservar um tempo para a sua interiorização durante meditações e orações, as revelações e as percepções aumentarão. Os próximos exercícios o ajudarão a entrar em sintonia com esse poder.

Meditar é muito mais fácil do que as pessoas imaginam. Você não precisa cantar, repetir um mantra nem contar o número de vezes que respira. Fique apenas sentado em silêncio e procure ter consciência dos seus pensamentos. Muitas pessoas me dizem que, por mais que tentem, não conseguem meditar. Minha resposta é: "Não tente." Vá meditar sem qualquer tipo de expectativa. A única regra é fazer a meditação todos os dias, se possível na mesma hora, para que se torne um hábito. Após algum tempo, ela será algo totalmente natural.

Outro ponto importante a lembrar é que, quando começar a praticar, você se dará conta das inúmeras distrações que passam pela mente, como "Que horas são?", "Será que a farmácia já fez a entrega?", "O que é que vamos comer no jantar?". Pensamentos como esses irão inevitavelmente pipocar na sua cabeça. Aceite-os simplesmente, sem julgá-los. Deixe os pensamentos deslizarem por você. Aqui está a analogia que faço com a meditação: imagine-se descendo um rio numa balsa. De tempos em tempos, uma pedra, ou uma corredeira, aparecerá no seu trajeto, e você precisará contorná-la. A meditação é uma coisa bem parecida com esse passeio de balsa. Você precisa se ater ao momento e se livrar das distrações. Com a prática regular, você chegará àquele ponto bem profundo onde o seu coração começa a se abrir e a falar com você.

### *Meditação com o coração*

Sente-se ereto numa cadeira e feche os olhos. Preste atenção ao padrão de cada inspiração e expiração. Comece lentamente a sentir cada parte do seu corpo e a reconhecê-la. Comece pelos dedos dos pés e vá subindo pelos pés, tornozelos, pernas, até chegar ao tronco, às costas, ao peito, aos ombros, braços, dedos, pescoço e cabeça. A seguir, concentre-se na região do coração, que é o centro de amor. Imagine uma bonita luz de amor verde e dourada emergindo do seu coração e fluindo através do seu corpo, desde o topo da cabeça, passando pelos braços, pernas, dedos dos pés, enfim, por todo o seu corpo. Não pare a luz na ponta dos dedos, na cabeça ou nos dedos dos pés. Deixe-a flutuar e fluir para fora dessas áreas. Experimente essa energia amorosa durante vários segundos. Reflita sobre como ela afeta o seu corpo quando você reconhece sua existência.

Em seguida, imagine-se num elevador celestial. Com o corpo repleto de luz e amor, você entra no elevador e começa a subir cada vez mais. Em vez de andares, há vários níveis de percepção. Enquanto sobe, sua sensação de individualidade parece se expandir. Os andares são representados por diferentes cores brilhantes, qualquer uma que você queira imaginar. Quando o elevador parar, você terá chegado ao andar da Grande Sabedoria. A porta do elevador se abrirá e você será recebido por seu Eu Superior. Você nota imediatamente a sabedoria e o amor do seu Eu Superior. Saia do elevador e reconheça o seu verdadeiro eu. Você verá que suas características físicas são semelhantes às do seu Eu Superior. É quase como se estivesse olhando para um irmão gêmeo mais apurado, não afetado pela matéria física. A seguir, olhe em volta e veja todos os presentes que lhe são revelados. Saiba que você tem muitos dons e talentos que lhe são peculiares. Quando tiver saboreado seus presentes, você poderá voltar para o elevador e descer para o nível da existência terrena.

### *Meditação profunda*

Mais uma vez, não se esqueça de sentar confortavelmente numa cadeira e manter as costas retas para que a energia possa subir e descer facilmente por sua coluna vertebral. Repita a primeira parte do exercício anterior, tomando consciência da sua respiração e, a seguir, direcionando sua mente para cada parte do corpo. Procure concentrar-se no momento atual.

Neste exercício, imagine ou sinta que o seu coração se abre e que um tubo com uma linda luz divina verde emerge do topo do seu coração, sobe pelo corpo, sai pelo alto da cabeça e vai direto para o céu. Espere alguns momentos para que ele possa alcançar seu destino – o seu eu sábio, o que compreende tudo. Ao se concentrar, você começará a receber informações, orientações e compreensão que vêm do céu através do tubo e vão para a sua mente e o seu coração. Observe a pureza dos pensamentos que chegam a você. Se tiver uma pergunta, faça-a ao seu Eu Superior. Veja a pergunta subir pelo tubo. Espere alguns segundos e veja a resposta descer até a sua consciência. Um subproduto deste exercício é a energia curativa universal que vem do céu e entra em você. Use-a. Aprecie a transformação. No fim da meditação, envolva-se numa luz branca e dourada de amor.

### *Você é aquilo que pensa*

O Universo sempre lhe dá exatamente aquilo em que você pensa persistentemente. Por isso, preste muita atenção nos seus pensamentos. Por exemplo, se durante o dia todo você pensar, falar e se preocupar com as contas que precisam ser pagas, você estará criando mais desses pensamentos preocupantes. Habitue-se a mudar qualquer pensamento angustiante por um otimista. Eu gosto de usar "Cancelar" ou "Limpar" para anular os pensamentos negativos que, sem querer, enviei para o Universo. Substitua esses pensamentos por expressões positivas e otimistas cada vez que surgirem.

Mudar é sempre difícil, mas uma coisa é certa: você nunca será a mesma pessoa que era há um, cinco ou dez anos. A mudança é constante. Um amigo me contou que durante sua juventude sua família era pobre e havia muita preocupação e ansiedade enquanto ele estava crescendo.

"Se não tivesse começado a minha busca espiritual e aprendido a meditar todos os dias, eu ainda estaria no mesmo sufoco", ele disse. Mas a percepção do meu amigo aumentou. Como consequência do trabalho realizado em seu interior, sua situação mudou e ele não precisou se preocupar mais com dinheiro. Por ter se mostrado disposto a mudar, ele não é mais a mesma pessoa.

Recebemos diariamente oportunidades para ver o mundo de maneira diferente e experimentar coisas novas. Assim como o meu amigo, se quisermos fazer mudanças, não podemos nos prender ao passado. Para começar, precisamos assumir de maneira consciente a responsabilidade por nossas escolhas e decisões, porque o que pensamos hoje criará o nosso amanhã. Quando conquistarmos essa compreensão, poderemos nos livrar de sistemas de crenças passados e das chantagens emocionais feitas pelos outros. Podemos continuar a crescer, a evoluir e a ter mais consciência. Quando olhamos para o futuro, e não para o passado, nós nos abrimos para receber o que é novo. Com a imaginação, criamos infinitas possibilidades para o nosso futuro. Nós nos sintonizamos com o Amor. O amor irrestrito, em primeiro lugar por nós mesmos e, a seguir, pelos outros, nos ajudará a abandonar hábitos antigos e a descobrir maneiras novas.

Viver a vida se resume a isso. Você precisa passar menos tempo se preocupando, se desculpando e adiando. Pare de pensar nas coisas que não realizou. Comece a fazê-las ou elabore uma nova lista. Quais são as situações da sua vida que você ainda precisa resolver? Você está feliz com seus relacionamentos? Está confortável financeiramente? Você gosta da sua aparência e de como se sente fisicamente? As suas necessidades emocionais estão sendo atendidas? O que você quer da vida?

Ao mudar a sua perspectiva, as coincidências e os sincronismos começarão a fazer parte da sua vida – as oportunidades virão bater à sua porta. E tudo isso porque você começou a acreditar em quem você é de fato. Está na hora de sonhar outra vez. Faça as mudanças necessárias para alimentar sua alma.

# DOZE

# Assunto Encerrado

A regra que sigo na vida é tentar ver tudo como parte de um quadro maior que inclui os dois mundos. Quando morrer e voltar para Casa, para o mundo espiritual, sentirei orgulho da vida que acabei de viver ou estarei consumido por arrependimentos e oportunidades perdidas? Ter consciência do longo caminho a percorrer certamente me levou a prestar mais atenção na maneira como escolho viver.

Neste exato momento você chegou a uma bifurcação na estrada. Pode optar por mudar a sua perspectiva e ter o controle da sua vida e das escolhas que faz a partir de agora, ou pode permanecer estagnado no mundo criado pelo seu passado e se ver como uma simples vítima das circunstâncias. Este é o momento de escolher. A vitória de uma vida bem vivida é medida exclusivamente pelo amor que você criou para si mesmo e para os outros. Os fracassos podem ser vistos como oportunidades que surgiram para demonstrar amor, perdão e compaixão por si mesmo e pelos outros, mas que você escolheu não aproveitar.

Seguir pela vida deixando para trás assuntos pendentes retarda nosso progresso espiritual. A vida nos oferece inúmeras situações, dolorosas e alegres, que nos deixam mais fortes ou nos mantêm sufocados. Eu trabalhei com muitos pais que perderam filhos, e, como a morte de uma criança parece tão contrária às leis da natureza, eles não conseguem encaixá-la em sua própria realidade. Afinal, os filhos não deveriam morrer antes dos pais. Não é assim que *deveria* ser. Eu sinto grande compaixão por esses pais, porque essa é a mais dura perda possível. No entanto, olhar para o quadro maior ajuda. Talvez a morte de um filho fosse uma lição que as almas do grupo da família, inclusive da própria criança, tivessem concordado em vivenciar para poderem se desenvolver espiritualmente. Talvez a morte fosse um tipo de catalisador para ajudá-las a evoluir.

Também já trabalhei com diversas pessoas que não conseguiam perdoar nem esquecer. Muitas outras ficaram presas à tristeza de não terem tido a oportunidade de despedir-se de alguém. E houve também vítimas, traumatizadas por abusos de vários tipos e por experiências terríveis na infância, cuja vida ficou paralisada pelo medo e pelo ressentimento. Isso não é viver. É um fardo enorme e pesado de assuntos pendentes.

Quando a vida nos traz dores e sofrimentos, temos de contar com o apoio do nosso Eu Superior. Quando não enfrentamos uma situação, ela se torna uma ferida aberta que acaba infeccionando. O sofrimento se torna ainda maior por não termos cuidado do problema quando ele aconteceu. Se quisermos ir em frente, precisamos expressar nossos sentimentos e solucionar qualquer assunto malresolvido.

Então, como fazer para ir em frente?

Primeiro, faça uso da psicoterapia para aprender a lidar com os seus bloqueios mais arraigados. Eu descobri, por experiência própria, que a terapia proporciona um ambiente seguro para expressar pensamentos e sentimentos. Os terapeutas são objetivos. Eles não estão ali para julgar sua situação, mas para ajudá-lo a lidar com ela. É muito difícil ver com clareza uma experiência que nos atingiu e mobilizou tanto. Não resista a procurar ajuda terapêutica. Será um avanço em sua vida.

Outra maneira é discutir a situação com um amigo, alguém em quem você confia plenamente ou, talvez, com um grupo de apoio. Ao discutir seus assuntos com os outros, lembranças antigas virão à tona e você será forçado a encará-las de frente. Isso é muito útil, porque, além de receber pontos de vista adicionais, você também terá oportunidade de ver as circunstâncias passadas a partir da sua perspectiva atual e, talvez, de analisá-las à luz do conhecimento adquirido nesse meio-tempo. Juntas, essas duas coisas podem muito bem levá-lo à compreensão e à aceitação.

Outro método de muito sucesso é escrever uma carta. Se você acha que não consegue perdoar, ou se alguém morreu sem que você tivesse tido oportunidade de despedir-se, expresse seus sentimentos escrevendo uma carta para a pessoa. Se ela estiver viva, você pode escolher mandar ou não a carta. O objetivo aqui é retirar os sentimentos de dentro de você e colocá-los no papel para, desta maneira, abrir mais espaço para o amor.

A última técnica é escrever um diário de ocorrências. Compre um diário especial que você reservará para uma determinada situação. Encontre um lugar tranquilo. Registre o seu sofrimento por escrito, inclusive o motivo de estar se agarrando a ele, e o que esse sofrimento está ensinando a sua alma. Por fim, pergunte ao seu Eu Superior o que precisa ser feito para deixar para trás o sofrimento.

Você nunca vai superar totalmente a morte de um ente querido, as dores de um divórcio ou os maus-tratos sofridos na infância. Mas, pelo menos, poderá liberar lágrimas reprimidas e expor sentimentos secretos. Ao fazer isso, você se tornará um ser diferente, mais inteiro. Eu lhe asseguro: a melhor coisa que podemos fazer é começar a ter um relacionamento franco e amoroso com nós mesmos.

Leonard Cohen, um excelente cantor, compositor e poeta, disse certa vez: "Tudo aquilo que é bonito está rachado; é assim que a luz penetra." Creio que essas palavras captam a essência de como a superação de antigas mágoas, decepções, desilusões amorosas, raiva e medo pode nos curar. Todos nós precisamos passar por experiências dolorosas para podermos nos tornar um pouco mais humildes, compassivos, compreensivos, pacientes, sinceros e, na verdade, humanos. Somos todos uma mistura de sentimentos, pensamentos, emoções, crenças, histórias e vivências. São as coisas que nos caracterizam. Quando começamos a nos aceitar com todas as falhas inevitáveis, descobrimos como somos de fato bonitos. Quando nos aceitamos, passamos a irradiar uma bondade interior que ficará evidente para todos os que se aproximarem de nós.

Quando nos assumimos, alcançamos o nosso poder porque transcendemos nossas imperfeições e nos concentramos em nossos pontos fortes. Não precisaremos mais ser escravizados por sentimentos de culpa, por dúvidas sobre "o que poderia ter sido". Em vez disso, aproveitaremos o aprendizado trazido por qualquer experiência e cresceremos. Partiremos repletos de novos conhecimentos para um novo dia. É isso que Cohen quis dizer com "é assim que a luz penetra". Nós nos tornamos iluminados. Portanto, por favor, vá em frente e emita a sua luz para que os outros a possam ver, sentir e, assim, aprender com você. Não há melhor professor do que alguém que viveu uma experiência dolorosa para servir de guia e mostrar um caminho mais fácil para outra pessoa.

### *A fé*

Muitos consideram a fé um sentimento ou um conjunto de ideias que representa as convicções de uma pessoa. Embora esses conceitos abranjam elementos da fé, a definição completa é muito mais ampla. "Fé", como traduzida do grego *pistis*, significa "firme persuasão" e "convicção baseada no que foi ouvido". Ter fé significa acreditar em algo com todo o seu ser. É ter a sensação de conhecer uma coisa e de fato entregar-se a ela. Ter fé significa ter total confiança. Não estou me referindo à "fé cega", mas à verdadeira fé.

Ao que tudo indica, a noção de fé é mais difícil de ser compreendida por aqueles que tendem a pensar de forma excessivamente lógica. A fé não é uma coisa palpável que possa ser cientificamente medida, nem é algo que se aprende numa aula. A fé é simplesmente uma coisa que você precisa sentir e vivenciar. Por exemplo, eu tenho fé na minha família, acredito na firme intenção dela em me apoiar. Tenho fé nos meus editores, sei que farão tudo o que puderem para tornar este livro o melhor possível. Tenho fé em que vocês, leitores, usarão este livro como um guia nas suas caminhadas em direção à cura profunda e a experiências de vida transformadoras.

A nossa fé está sendo constantemente testada. Uma mulher perde toda a família numa tragédia, um homem é despedido após 20 anos de trabalho ou alguém é espancado diante de pessoas que nada fazem para ajudá-lo. A nossa fé está sendo desafiada nessas ocasiões? Com certeza. Quando questionamos nossa fé, esmiuçamos nosso interior para descobrir se temos *fé* suficiente para sobreviver ao que quer que seja. A fé não é fundamental nos momentos em que tudo parece estar bem, mas nos de grande tristeza. Nessas ocasiões, a fé pode nos ajudar a perseverar, a encontrar um motivo para continuar. Quando os problemas parecem insuperáveis, a fé é de fato um milagre. A sua fé o trouxe até aqui na vida. Portanto, não desista nunca. Mantenha a fé, especialmente em si mesmo.

### *Consciência tranquila*

Muitas vezes, quando uma questão em que estamos empenhados não obtém o melhor resultado, achamos difícil aceitar o que sentimos como fracasso. Pensamos que o resultado poderia ter sido melhor se tivéssemos agido de outra forma.

Nós nos agarramos a sentimentos de culpa e nos martirizamos por qualquer erro que possamos ter cometido. Não aceitamos que fizemos o melhor possível com os recursos de que dispúnhamos.

Nossas ações não podem ser avaliadas exclusivamente pelo resultado obtido ou pela opinião dos outros. Tomar decisões corretas – fazer a coisa certa – é uma dúvida constante na vida. "Eu deveria ter aceitado aquele emprego?" "Devo contar a minha amiga que o marido dela a está traindo?" "Deveria ter feito um aborto?" "Deveria desligar o aparelho que mantém meu pai respirando?"

Fazer a escolha certa pode ser muito difícil, e você é o único responsável pelas opções que faz. Mas, quanto mais tempo você reservar para escutar a sua orientação interna, mais terá consciência da *sua* verdade – a que reflete quem você é e o que representa. Quanto mais você compreender que tem os critérios dentro de si mesmo, e que o fundamental é aprender a escutá-los, mais fácil será ficar com a consciência tranquila.

## ÚLTIMO ATO DE AMOR

Há alguns anos fiz uma comunicação em Seattle de que me lembro sempre. Essa comunicação tinha a ver com uma escolha muito difícil e com fazer a coisa certa.

Um casal estava sentado no lado direito da sala. Percebi que estavam muito estressados, mas eu só abordo alguém quando um espírito se apresenta. De repente, um espírito masculino jovem se posicionou atrás desse casal e me mostrou um quarto de hospital.

Eu me dirigi à plateia.

– Há um homem jovem aqui. Tem cabelos louros e olhos azuis. Ele parece um tipo de alma muito gentil. Está em coma, numa cama de hospital. Isso...

Antes que eu pudesse concluir a frase, o casal se levantou. Eu me encaminhei para eles.

A mulher falou primeiro.

– Eu sabia que ele estaria aqui hoje.

– Vocês conhecem esse jovem? – perguntei.

– Sim. Ele é o nosso filho.

A plateia murmurou.

– Ele está num tipo de máquina. Eu não o vejo mover-se – eu disse.

– Sim – a mulher respondeu enquanto começava a chorar. – Ele sofreu um acidente.

– Agora ele está me mostrando o acidente. Ele caiu de um andaime?

O homem apenas balançou afirmativamente a cabeça. Era claro que aqueles dois estavam sofrendo muito. Ao sintonizar o centro emocional deles, pude sentir a dor que havia em seus corações. Era como se uma enorme pedra estivesse comprimindo o meu peito e me impedindo de respirar.

– O nome dele é Jimmy ou Jamie, como o meu?

– Jamie.

– O Jamie veio aqui para lhes dizer que está bem e que vocês fizeram a coisa certa. Ele está muito feliz e quer agradecer a vocês.

Naquele ponto, achei que a mulher fosse desmaiar. Ela deu um grito de dor. O resto da plateia parecia a ponto de chorar. O casal se abraçou enquanto eu ouvia o Jamie.

– O Jamie ama muito vocês e quer que saibam que ele sente o amor dos dois o tempo todo. Ele lastima que vocês estejam passando por tanto sofrimento.

O casal balançou a cabeça em sinal de compreensão.

– Quem é Chip ou Kip? – perguntei.

– Chip é nosso outro filho. Ele ainda está vivo – a mulher respondeu.

– Jamie está dizendo que o Chip precisa perdoar vocês, que ele não tinha o direito de interferir. Vocês fizeram a coisa certa.

Naquele momento recebi toda a imagem.

– Vocês desligaram o aparelho que mantinha vivo o seu filho, não é verdade?

– Sim. – Dessa vez foi o homem que falou.

– Chip brigou com vocês por causa disso. Ele não queria que vocês desligassem o aparelho. Ele os chamou de assassinos.

Com aquele comentário, a mulher voltou a chorar.

– Bem, vocês fizeram um ato de caridade para o Jamie. Ele está dizendo que não queria mais permanecer na Terra. Queria ficar livre para partir. E vocês o ajudaram.

Naquele momento, muitas outras pessoas da plateia choraram com o casal.

– Jamie agradece a vocês por terem libertado seu espírito.

– E quanto a Chip? – a mulher perguntou.

Eu olhei nos olhos dela.

– Vocês fizeram aquilo por amor. Chip levará algum tempo para aprender essa lição. Tenham paciência com ele. Ele não vê o quadro todo. Apenas continuem amando-o do jeito que ele é.

A mulher e o homem me agradeceram muito.

## *A compaixão*

A maioria das pessoas acha que o mundo seria um lugar melhor se todos pensassem como elas. Chip certamente queria que seus pais pensassem como ele, quando não quis que desligassem o aparelho que ajudava a manter Jamie vivo. Assim como muitos, ele via a vida a partir de um ponto de vista egocêntrico. Quando os outros não pensam como nós, tendemos a ser intolerantes e a não respeitá-los. A compaixão abre nosso coração e nos permite sentir a dor de outra pessoa. É importante sentir compaixão, porque ela amplia nossa percepção dos outros e do mundo. A compaixão estimula a caridade, a empatia e a solidariedade. O coração é o músculo mais forte do corpo humano, e quando o exercitamos ele cresce.

Quando começar a praticar a compaixão você inevitavelmente encontrará os antigos sentimentos capazes de fechar o seu coração, como a crítica, o preconceito e o egoísmo. Mas, ao mesmo tempo, começará a compreender o elo que une todas as pessoas que estão vivendo no planeta. Para chegar à totalidade do seu ser, você precisará lidar com recordações de situações passadas e de sentimentos de insensibilidade e crueldade. Esses sentimentos emergem de feridas emocionais profundas e lhe dizem claramente que você precisa sentir mais compaixão por si mesmo. Quando você tem compaixão por si mesmo, fica muito mais fácil sentir compaixão pelos outros.

## *A gratidão*

A compaixão e a gratidão andam juntas. Quando sente compaixão, você se sente grato pelas pequenas coisas que trazem alegria para a sua vida. Minha rotina de agradecimentos é simples. Eu acordo, vou para a sala e contemplo a vista do mar diante de mim. A seguir, olho para o meu jardim e para o céu azul e agradeço ao Ser Superior por ter me dado um lugar tão bonito para morar. Não há um único dia em que eu não me sinta grato por tudo aquilo que tenho.

Gratidão é também o sentimento que experimentamos ao saber, por exemplo, que alguém que amamos sobreviveu a um acidente horrível, que o nosso tumor é benigno, que os documentos perdidos foram encontrados. É natural sentir gratidão após a superação de uma adversidade.

Por outro lado, é aceitável sentir mágoa ou raiva por uma perda que não julgávamos merecer, desde que saibamos que não precisamos alimentar esses sentimentos. Sempre que começo a me queixar dos problemas, faço uma lista de todas as coisas pelas quais sou grato. Isso me faz bem, pois há muitas coisas na vida que nos deixam felizes e pelas quais podemos nos sentir gratos. Não permita que uma determinada situação o deprima por muito tempo. É uma escolha que você faz: apegar-se aos ressentimentos que causam dor ou procurar concentrar-se no positivo, nas coisas que despertam gratidão. Faça uma lista dessas coisas, conserve-a por perto e, quando estiver se sentindo deprimido, pegue-a e reflita sobre ela.

Você também pode olhar para as experiências negativas, para as pessoas e para as situações difíceis na sua vida e sentir gratidão pelas incríveis oportunidades de aprendizado que elas lhe proporcionam. Sei que não é fácil, mas reveja a sua vida e descubra como as dificuldades lhe proporcionaram crescimento.

## UMA VIDA BEM VIVIDA

Acho que os membros da maioria das famílias podem de fato reconhecer o amor que compartilham entre si. Eles são gratos por fazerem parte de um grupo afetivo e por conviverem com pessoas que podem amar e em quem podem confiar. Assim era uma família que eu conheci durante uma palestra no norte do estado de Nova York. A próxima comunicação também fortalece a ideia de que é importante concluir o que viemos fazer na Terra.

Era verão e estávamos reunidos num auditório, onde muitas pessoas pareciam se conhecer. Um ventilador no fundo da sala fazia um barulho engraçado. Comecei com uma oração e uma breve explicação sobre meu trabalho e sobre como os espíritos falam comigo. De repente o espírito de um senhor, de terno e gravata, começou a apontar para uma parte do auditório. Eu me encaminhei para ele e ouvi o que tinha a dizer.

O espírito dizia: *Diga a elas que estou muito feliz. Elas não precisam mais chorar por mim.* Pedi que ele me fornecesse mais informações para poder ser identificado. Ele me mostrou uma cabana na floresta. Era um lugar encantador – muito rústico. Parecia uma casa de boneca.

Transmiti para a plateia:

– Está aqui um homem muito distinto apontando para uma cabana na floresta. Alguém reconhece tal lugar?

Duas mulheres de meia-idade levantaram as mãos.

– Vocês reconhecem o nome Fred, ou talvez Ted? – perguntei.

– Teddy! – elas gritaram ao mesmo tempo.

Sorri e esperei por mais informações.

– Teddy. Ele é o pai de vocês? Ele está dizendo: *Minhas meninas.*

– Sim! É ele mesmo.

– Ele está me dizendo que as perdoa. Vocês pegaram o carro dele? Porque ele está me mostrando um conversível e duas jovens nele.

Uma das mulheres respondeu:

– Sim, há muitos anos nós fomos dar uma volta no carro novo dele.

– Ele está dizendo que adorava aquele carro e que ficou muito zangado com vocês, mas que as perdoa.

– Nós sentimos muito, papai – disse a outra filha.

– Como é que vocês se chamam? – perguntei.

– Eu sou a Hanna e ela é a Abby.

– Vocês têm mais um irmão? Eu vejo um menino com o seu pai.

– Temos, sim. Nosso irmão Chris, mas ele não morreu.

– Não. Ele está dizendo que é outra pessoa. Seu pai tinha um irmão mais novo?

– Tio Roy.

– Teddy está dizendo que ficou muito feliz ao fazer as pazes com o irmão dele. Diz que aprendeu a lição.

– Eles tiveram uma briga séria e não se falaram por uns dez anos, talvez.

– Seu pai está feliz por eles terem feito as pazes antes de ele morrer. Está dizendo que sente muito orgulho de vocês todos.

– Ele era o máximo. Nós sentimos sua falta, papai – Abby disse.

– Agora ele está me mostrando a cabana outra vez. Há um grupo de pessoas embaixo de um carvalho. Ele está agradecendo por vocês terem feito a cerimônia de despedida dele na antiga cabana.

– Nós sabíamos que ele gostaria que fosse lá. Aquele era seu lugar favorito.

– Ele mora numa cabana como essa no céu. Seu pai diz que está em paz.

As duas mulheres ficaram muito emocionadas.

– O pai de vocês era um homem muito gentil. Está dizendo que recebeu da vida tudo o que desejava. Ele está orientando a próxima geração.

– Ele adorava ser avô. Teve sete netos.

– Ele estará tomando conta de vocês.

Teddy estava em paz porque tinha feito escolhas positivas na vida e deixado a Terra com a consciência tranquila.

### *Uma postura positiva*

Para atrair situações positivas, alegres e auspiciosas, você precisa procurar ser positivo, alegre e cheio de esperança. Com uma postura aberta, amorosa e positiva, pode-se amenizar qualquer dificuldade. Por isso é importante ter consciência do seu estado de espírito, pois ele é criado pelos seus pensamentos. Bons pensamentos geram bom humor. Pensamentos negativos geram mau humor. O seu humor e a sua postura afetam todas as pessoas com quem você entra em contato. Uma determinada postura, assim como um determinado tipo de roupa, causa diferentes impressões nas pessoas que nos veem. Você *sempre* pode escolher como irá se comportar, qual humor irá mostrar ao mundo e como vai querer ser visto pelos outros.

A sua postura contagia o espaço que o cerca. Se estiver se sentindo irritado, e não se controlar, você irá se comportar com uma postura raivosa. Tenha, porém, consciência do efeito que causa. Você contaminará com sua irritação todos aqueles com quem conviver. É isso que você quer dar ao mundo? Permanecer irritado muito provavelmente o fará se sentir pior.

É claro que é impossível deixar de se irritar de vez em quando. Não negue seus sentimentos. Reconheça-os e decida o que *fazer* com eles. Você sempre tem duas opções. Uma é controlar seus sentimentos e seu comportamento. A outra é ser controlado por eles.

Será que não está na hora de deixar para trás as mágoas do seu ego? Não está na hora de chegar para aquele membro da família ou para aquele amigo e dizer "Sinto muito" pelo que aconteceu entre vocês dois? Perdoe a si mesmo e à outra pessoa. Faça um esforço, pegue o telefone, mande um e-mail, tenha um gesto afetuoso. Você vai ver o alívio que isso lhe trará. Não hesite em admitir que talvez tenha errado e, se for o caso, que se dispõe a reparar qualquer prejuízo que tenha causado. Não deixe para amanhã, porque sempre existe a possibilidade de você não ver o amanhã.

### *A esperança*

A esperança, assim como a fé, é uma coisa que não pode ser medida. Ter esperança não significa ver a realidade através de lentes cor-de-rosa. Mas a esperança é um ingrediente essencial para a vida, a tal ponto que não acredito que uma pessoa possa efetivamente suportar a existência sem ela. A esperança nos mantém sonhando, criando e superando obstáculos. Ela é a crença de que sempre haverá um resultado positivo. Até as piores circunstâncias podem ser superadas com um sentimento de esperança por um amanhã melhor. A esperança vem do coração. Ela nos desperta para a nossa própria verdade e ajuda a formar nossa exclusiva espiritualidade.

Precisamos ter em mente que um dia é completamente diferente do dia seguinte. Embora os obstáculos do passado ainda nos pesem, existe dentro de nós a vontade de mudar. A nossa vida tem um significado. Amanhã não será igual a hoje, pois sempre haverá alguma coisa que o diferenciará, porque todos os dias estão repletos da mágica da esperança e das possibilidades. Nós poderemos descobrir uma faceta insuspeitada de nós mesmos e do mundo que nos cerca. É só acreditarmos e ficarmos atentos.

## REUNIÃO DE FAMÍLIA

Frequentemente me perguntam: "James, o que você ganha fazendo esse trabalho?" Ao tomar conhecimento da próxima história o leitor irá compreender. Há alguns anos tive a oportunidade de transmitir mensagens para uma família que viajara cerca de 2 mil quilômetros para me ver. Eu acabara de encerrar a parte da meditação do evento quando comecei a sentir um cheiro muito forte de fumaça. Olhei para a direita e vi o espírito de um cachorro labrador lambendo minha mão direita. Em pé, junto ao cachorro, estava o espírito de um menino de cerca de 9 anos, vestindo um uniforme de beisebol e um boné vermelho. Ele me disse: *Quero falar com o meu pai*, apontando para um homem de meia-idade sentado no fim da terceira fileira. Duas jovens de cerca de 17 e 15 anos estavam ao lado dele. Enquanto o espírito do menino apontava para aquela direção, o cachorro se encaminhou para as garotas e parou junto delas.

– Senhor – eu disse –, está aqui um menino com cerca de 9 anos que diz ser seu filho. Ele está acompanhado de um labrador.

A menina de cabelos louros levou as mãos à boca e gritou:

– Ah, meu Deus!

O homem começou a chorar imediatamente e a indicar com a cabeça que compreendia o que eu estava dizendo. Continuei:

– Ele disse que seu nome é Paulie e que está aqui com outro menino mais velho, que se chama Kenny.

As meninas e o pai se abraçaram.

– São os nossos irmãos!

Naquele ponto, vários membros da plateia se aproximaram do pai e de suas filhas para lhes dar apoio. O homem, emocionado, sentou-se outra vez. Enquanto penetrava na emoção dele, pude ver um espírito feminino em pé atrás dele, acariciando sua cabeça. *Eu disse a você que nunca o deixaria!*, ela murmurava. Mentalmente perguntei seu nome. Ela respondeu: *Rose*.

– Agora há uma mulher em pé atrás do senhor, dizendo que se chama Rose.

O homem olhou para baixo e balançou a cabeça afirmativamente, enquanto uma das meninas exclamava:

– É a mamãe.

– Ela prometeu que nunca me deixaria! – disse o pai.

– E não o deixou – interrompi. – Está bem atrás do senhor.

Então, de repente, os três espíritos ficaram excitados com o rompimento do véu entre os mundos e começaram a me enviar pensamentos ao mesmo tempo. Comecei a transmiti-los o mais rápido que podia.

– Eles viram a Nana Jean. O avô também estava lá para recebê-los. Paulie disse que está jogando beisebol lá e que o Kenny ainda leva o Lucky para passear.

A seguir, Rose acalmou os meninos. Ainda de pé atrás do marido, ela transmitiu pensamentos e imagens para a minha mente.

Olhei para as duas meninas:

– A mãe de vocês quer que entrem em contato com a família do senhor Johnson para transmitir uma mensagem. Ela quer que eles saibam que ele morreu nobremente, tentando salvar a vida de outro ser humano. Não existe façanha maior do que esta na vida.

Os três agradeceram a informação. E logo a seguir pude sentir o cheiro de fumaça.

– Sua família morreu num incêndio?

– Sim – respondeu o pai.

– Kenny está gritando para mim: *Mas nós estamos vivos! Nós não morremos de verdade!*

Olhei outra vez para o pai, que chorava muito e murmurava:

– Obrigado. Essa era a minha última esperança, que a minha família tivesse continuado a existir. Você não pode imaginar o bem que nos fez.

Então notei que o cachorro estava lambendo as mãos das meninas e contei o que estava vendo.

As duas curvaram a cabeça em prantos, e a mais velha falou:

– Isso faz sentido. Ele nos salvou. Lucky nos acordou no meio da noite e nos tirou de casa. Mamãe voltou correndo para pegar os meninos, mas não conseguiu sair mais.

A mãe enviou uma mensagem às filhas.

– Sua mãe está dizendo que houve uma razão para vocês se salvarem. Vocês duas têm muito a realizar, especialmente ajudando os outros. Vocês precisam aprender com o que aconteceu e ajudar os que necessitam de apoio. A mãe de vocês está dizendo que ela e seus irmãos estarão sempre ao seu lado, incentivando-as. Eles as ajudarão do lugar onde estão.

A seguir, Rose falou no meu ouvido, pedindo-me que transmitisse uma mensagem ao marido: *Você entendeu errado. Nós não estamos enterrados. Estamos mais vivos do que vocês!* E riu muito depois.

– Essa é a minha Rose, com seu adorável senso de humor. Obrigado, o senhor fez uma coisa incrível trazendo nossa família de volta para nós. O senhor nos trouxe esperança. Agora sabemos que nunca estamos sozinhos, que estaremos sempre juntos. Muito, muito obrigado.

Quando ele parou de falar, Lucky latiu!

Todos nós compartilhamos um vínculo, seja fazendo parte de uma família ou tendo uma família de amigos. Todos nós desejamos encontrar o nosso propósito, viver nossa própria verdade e nos manifestarmos sem julgamentos ou tendências. Com esses desejos, vem o desejo de liberdade. Quando você for fiel a si mesmo e viver cada dia segundo a sua verdade, encontrará sua liberdade.

Você escolheu voltar desta vez, para este lugar, para alcançar grandeza na vida e paz de espírito. Você espera que sua vida tenha significado e que seja útil. Faça da leitura deste livro um momento transformador no seu caminho. Veja-se numa nova luz e aceite a grandeza de quem você é. Comece agora a remover os assuntos pendentes do seu passado que o estão impedindo de se sentir realizado e inteiro. Com a sua recém-descoberta liberdade, faça as escolhas que lhe trarão paz e que lhe permitirão realizar o mais plenamente possível o seu potencial.

## A MINHA QUERIDA AMIGA

Alguns dias depois daquele sonho fantástico em que vi minha amiga Violette, comecei a me lembrar do dia em que nos conhecemos. Foi há cerca de 10 anos, quando me mudei para minha casa atual na Califórnia. Uma manhã, quando eu estava na frente de casa, o homem que entregava o jornal parou e perguntou se eu era o James. Quando respondi que sim, ele disse que a mulher que morava no fim da rua queria me conhecer, porque tinha me visto na televisão.

– Qual é o nome dela? – perguntei.

– Violette – ele respondeu, depois acenou e foi embora.

Fiquei meio constrangido de ir até a casa da vizinha para me apresentar. Eu sabia que um dia nos encontraríamos.

Nos meses que se seguiram, conheci várias pessoas que moravam no meu quarteirão. Todas faziam a mesma pergunta: "Você já conheceu a Violette?"

Eu não podia deixar de ficar intrigado e me perguntava o que havia de tão especial naquela mulher. Na semana seguinte, fui vencido pela curiosidade. Peguei meu primeiro livro, *Conversando com os espíritos*, e desci a rua para conhecer a misteriosa Violette.

Subi os degraus pintados de marrom da entrada da casa e vi diversos sapatos perto da porta pintada de vermelho. Mal sabia eu que aquela era uma metáfora do que me aguardava.

Bati na porta e ouvi uma voz profunda e rouca, resultado inconfundível de anos de cigarro e uísque:

– Quem é? – Logo em seguida uma mulher pequena, com fantásticos olhos verdes e um largo sorriso, abriu a porta e disse: – Ah, meu Deus!, James Van Praagh!

Imediatamente, senti um incrível fluxo de energia atravessar o meu corpo, como se eu estivesse me reconectando com uma alma com quem já compartilhara muitas vidas, tal era a sensação de familiaridade.

– Estava esperando por você – ela disse. – Aceita um chá?

Violette tirou um jornal de cima do sofá e eu me sentei, fascinado pelo que via.

– Claro. Obrigado.

Ela foi para a cozinha, repetindo:

– Meu Deus, não consigo acreditar nisso!

Olhei em torno e vi a bela coleção de esculturas e vidros espalhados pela sala. As paredes estavam cobertas por incríveis quadros impressionistas retratando montanhas e flores da Califórnia, cada um mais bonito que o outro.

Exclamei:

– Adorei os seus quadros. Você é colecionadora?

Violette voltou para a sala trazendo o chá.

– São todos de artistas locais. Eu vasculho lixos todos os fins de semana.

– Você vasculha lixos?

– Sim. Vendas de objetos usados. O lixo de alguém pode ser o seu tesouro, e é possível encontrar boas pechinchas! – Violette tinha um brilho diferente no olhar.

– É verdade. Já ouvi falar sobre isso.

Ela então me disse que tinha me visto na televisão. Olhou nos meus olhos enquanto tomava seu chá:

– Eu acredito nas mesmas coisas que você. Precisamos nos manter unidos. As pessoas precisam saber a verdade. Deus não é maravilhoso?

Eu sabia que ela estava falando do fundo do coração.

Violette compartilhara sua experiência no programa dos Alcoólicos Anônimos por 30 anos.

– Aquilo me ensinou a descobrir Deus em tudo e em todos. – Parou por um momento. – Não é uma pena, James, que as pessoas tenham tanta dificuldade em acreditar nelas mesmas? Elas não conseguem ver o poder que têm. Não percebem que criam suas vidas com seus pensamentos e com a maneira como tratam os outros.

Fiquei surpreso com as observações de Violette e compreendi imediatamente por que meus vizinhos queriam tanto que eu a conhecesse. Eles provavelmente sabiam que nós dois tínhamos muito em comum.

– Você já acabou o seu chá? – ela perguntou.

– Já acabei, sim.

– Então me dê aqui. – E estendeu a mão para pegar a xícara.

Olhei intrigado para ver o que ela ia fazer. Violette pegou a xícara, virou-a e despejou a maioria das folhas de chá no pires.

– Este é um chá turco.

Violette começou a examinar as folhas que tinham ficado no fundo da xícara.

– Ah, estou vendo que você vai escrever dois livros... E também que vai ter um programa na televisão sobre espíritos. – Olhou para mim e sorriu. – Mas eles não vão fazê-lo corretamente. – Fez uma pausa e prosseguiu: – A sua saúde está boa e você ajuda muita gente.

Agradeci, e ela se levantou dizendo:

– Bem, agora você pode ir embora. Volte sempre que quiser.

Assim começou uma das mais incríveis e amorosas conexões espirituais que eu pude compartilhar com alguém na minha vida. Nós nos falávamos diariamente por telefone, só para termos certeza de que estávamos bem. Violette uma vez me disse que tinha "alguém especial" e que estavam vivendo "em pecado". Certa vez, ela veio a uma festa em minha casa vestindo uma camisa de força, o que meus convidados acharam engraçadíssimo.

Violette era de fato uma figura. Era impossível não amá-la. Além disso, ela sabia tudo o que estava acontecendo na vizinhança. Era realmente a "vidente" do bairro.

Passávamos horas filosofando sobre a vida, a morte e o grande além. Ela frequentemente me perguntava:

– Como é que as pessoas do mundo não reconhecem as oportunidades de demonstrar bondade?

Nossa profunda e amorosa relação durou dez anos, até o dia fatídico em que recebi um telefonema de uma nervosa Violette.

– James, eles descobriram uma enorme obstrução no meu coração e querem me operar.

Na véspera da cirurgia fui visitá-la no hospital. No momento em que entrei no quarto dela senti uma opressiva tristeza. Deitada ali se encontrava uma grande força aproximando-se do fim de seus dias.

Enquanto falava com ela, pude ver vários espíritos à espera de sua chegada.

– Há um homem chamado Bill que quer que você saiba que ele está aqui.

– É o meu marido. Deus o abençoe.

Aquelas foram algumas das suas últimas palavras. Violette não saiu do hospital. Teve um derrame na mesa de cirurgia. A próxima vez que vi o rosto de Bill foi alguns meses depois, quando ele apareceu no meu sonho como o homem misterioso.

Agora, é claro, sei que Violette me fez ter o sonho para me mostrar a cena da sua morte.

Alguns dias depois, compreendi o sonho. Eu estava regando as plantas no jardim quando, de repente, olhei para cima e vi, junto a uma árvore florida, uma radiante Violette cercada por uma luz sobrenatural.

– Obrigada, James – ela disse. – Sinto muito ter confundido você no sonho, mas não tive oportunidade de agradecer por sua preciosa amizade durante todos esses anos. Quero que você saiba que todos nós recebemos nossas recompensas pelo amor que damos e recebemos. Não estamos nunca sozinhos quando sentimos o amor de outra pessoa. Eu precisava lhe dizer isso para ter certeza de que não deixei para trás qualquer assunto pendente.

# BIBLIOGRAFIA


Ashton, Robert. *The Life Guide: Ten Things You Need to Know About Everything That Matters.* Upper Saddle River, NJ: FT Press, 2008.

Bays, Brandon. *The Journey: A Practical Guide to Healing Your Life and Setting Yourself Free.* Nova York: Simon & Schuster, Fireside, 1999.

Beazley, Hamilton. *No Regrets: A Ten-Step Program for Living in the Present and Leaving the Past Behind.* Hoboken, NJ: Wiley, 2004.

Cayce, Edgar. *Soul and Spirit: Fully Understand Yourself and Your Life.* Virginia Beach, VA: A.R.E. Press, 2006.

Coleman, Paul. *Life's Parachutes: How to Land on Your Feet During Trying Times.* Nova York: Dell, 1993.

Dalai-Lama. *Live in a Better Way: Reflections on Truth, Love, and Happiness.* Nova York: Penguin Compass, 2001.

Dowrick, Stephanie. *Choosing Happiness: Life and Soul Essentials.* Nova York: Tarcher, Penguin, 2005.

Erikson, Erik H. *The Life Cycle Completed.* Nova York: Norton, 1998.

Finley, Guy. *The Secret of Letting Go.* Woodbury, MN: Llewellyn, 2007.

Goldsmith, Joel S. *Awakening Mystical Consciousness.* Atlanta: Acropolis, 1980.

Hallowell, Edward M. *Dare to Forgive.* Deerfield Beach, FL: Health Communications, 2004.

Martelar, Frank L. *Life and Its Mysteries.* Filadélfia: Dorrance, 1945.

Hill, Dawn. *Reaching for the Other Side.* North Hollywood, CA: Newcastle, 1983.

Joy, W. Brugh. *Joy's Way: A Map for the Transformational Journey: An Introduction to the Potentials for Healing with the Body Energies.* Los Angeles: Tarcher, 1979.

Mack, Joshua. *Karma 101: What Goes Around Comes Around... And What You Can Do About It.* Gloucester, MA: Fair Winds Press, 2002.

Michie, David. *Buddhism for Busy People: Finding Happiness in an Uncertain World.* Crows Nest, Austrália: Allen & Unwin, Inspired Living, 2007.

Roman, Sanaya. *Spiritual Growth: Being Your Higher Self.* Tiburon, CA: Kramer, 1989.

Smedes, Lewis B. *Forgive and Forget: Healing the Hurts We Don't Deserve.* Nova York: HarperCollins, 1984.

Sugrue, Thomas. *There Is a River: The Story of Edgar Cayce.* Virginia Beach, VA: A.R.E. Press, por acordo com Holt, Rinehart e Winston, 1942.

Tavris, Carol, e Elliot Aronson. *Mistakes Were Made (But Not by Me): Why We Justify Foolish Beliefs, Bad Decisions, and Hurtful Acts.* Orlando, FL: Harcourt, 2007.

Thondup, Tulku. *Boundless Healing: Meditation Exercises to Enlighten the Mind and Heal the Body.* Boston e Londres: Shambhala, 2000.

White Eagle. *Awakening: A Guide for Living with Death and Dying.* Hampshire. Reino Unido: White Eagle Publishing Trust, 2002.

Yogananda, Paramahanda. *Man's Eternal Quest.* Los Angeles: Self-Realization Fellowship, 1975.

CONHEÇA OS CLÁSSICOS DA EDITORA SEXTANTE

*1.000 lugares para conhecer antes de morrer*, de Patricia Schultz

*A História – A Bíblia contada como uma só história do começo ao fim*, de The Zondervan Corporation

*A última grande lição*, de Mitch Albom

*Conversando com os espíritos* e *Espíritos entre nós*, de James Van Praagh

*Desvendando os segredos da linguagem corporal* e *Por que os homens fazem sexo e as mulheres fazem amor?*, de Allan e Barbara Pease

*Enquanto o amor não vem*, de Iyanla Vanzant

*Faça o que tem de ser feito*, de Bob Nelson

*Fora de série – Outliers*, de Malcolm Gladwell

*Jesus, o maior psicólogo que já existiu*, de Mark W. Baker

*Mantenha o seu cérebro vivo*, de Laurence Katz e Manning Rubin

*Mil dias em Veneza*, de Marlena de Blasi

*Muitas vidas, muitos mestres*, de Brian Weiss

*Não tenha medo de ser chefe*, de Bruce Tulgan

*Nunca desista de seus sonhos* e *Pais brilhantes, professores fascinantes*, de Augusto Cury

*O monge e o executivo*, de James C. Hunter

*O poder do Agora*, de Eckhart Tolle

*O que toda mulher inteligente deve saber*, de Steven Carter e Julia Sokol

*Os segredos da mente milionária*, de T. Harv Ecker

*Por que os homens amam as mulheres poderosas?*, de Sherry Argov

*Salomão, o homem mais rico que já existiu*, de Steven K. Scott

*Transformando suor em ouro*, de Bernardinho

## INFORMAÇÕES SOBRE OS PRÓXIMOS LANÇAMENTOS

Para saber mais sobre os títulos e autores
da Editora Sextante,
visite o site www.sextante.com.br
ou siga @sextante no Twitter.
Além de informações sobre os próximos lançamentos,
você terá acesso a conteúdos exclusivos e poderá
participar de promoções e sorteios.

Se quiser receber informações por e-mail,
basta cadastrar-se diretamente no nosso site.

Para enviar seus comentários sobre este livro,
escreva para atendimento@esextante.com.br
ou mande uma mensagem para @sextante no Twitter.

Editora Sextante
Rua Voluntários da Pátria, 45 / 1.404 – Botafogo
Rio de Janeiro – RJ – 22270-000 – Brasil
Telefone: (21) 2538-4100 – Fax: (21) 2286-9244
E-mail: atendimento@esextante.com.br